D1731875

Schirner
Verlag

Beate Seebauer

Wann darf ich dich gehen lassen?

Wenn unsere Tiere sterben

Schirner
Verlag

ISBN 978-3-8434-1150-9

Beate Seebauer:
Wann darf ich dich gehen lassen?
Wenn unsere Tiere sterben
© 2014 Schirner Verlag, Darmstadt

Umschlag: Simone Leikauf, Schirner,
unter Verwendung von # 166752104 (Dora Ze.
76686721 (Eric Isselee), www. shutterstock.c
60789455 (palau83), www.fotolia.com
Satz & Redaktion: Karin Garthaus, Schirner
Printed by: ren medien, Filderstadt,
Germany

www.schirner.com

1. Auflage Oktober 2014

Inhalt

Für Papa, meinen Bruder Jürgen, meine Seelenhündin Felina und meinen Lehrer Fijack

Ihr seid für immer in meinem Herzen, und die Verbundenheit ist niemals zu Ende, auch wenn ich euch nicht mehr sehen kann, weiß ich, ihr seid bei mir.

Ein Stern am Himmel leuchtet hell und klar,
genau wie jeder meiner Engel war.
Sie zeigen mir den Weg in der Dunkelheit,
und das immer und zu jeder Zeit.

Sie fehlen mir sehr, doch seh'n wir uns oft,
gibt es doch Zeiten, in denen man mich ruft.
Sie sprechen zu mir und geben mir Kraft,
erklären, wie es ist und wie man es schafft.

Nicht immer gefällt mir, was ich da hör,
doch schenk ich ihnen immer mein volles Gehör.
Denn sie geben mir Trost und zeigen mir das Licht,
und dann sehe ich sie, mit lachendem Gesicht.

»Hab keine Angst, wir werden uns wiedersehen,
entweder in diesem oder in einem anderen Leben.
Und solange sind wir in jeder einzelnen und langen Nacht,
dein Stern, der über dich wacht.

Vorwort

Warum ist dieses Buch so wichtig? Weil wir, egal, wie sorgfältig wir Energien spüren können, vor Schmerz und Trauer wie ohnmächtig werden, wenn es um unsere eigenen Tiere geht. Ich habe selbst einige Jahre als Tierkommunikatorin gearbeitet, doch als meine Katze Lilly 2010 auf einmal schwer krank wurde, geriet ich völlig in Panik. Natürlich spürte ich selbst sehr viel. Doch die Sorge, ich könnte sie noch mehr verletzen, indem ich sie zu früh oder zu spät beim Sterben unterstütze, war nicht auszuhalten.

Wir wollen nicht wahrhaben, dass unser Tier geht, weil wir es so sehr lieben. Wie soll das Leben weitergehen, wenn unser bedingungsloser Weggefährte auf einmal nicht mehr an unserer Seite ist? Wir können nicht fassen, dass unsere Liebe nicht genügt, um unseren geliebten Gefährten am Leben zu halten. Wir haben auf der einen Seite die Fürsorge für unser krankes Tier zu leisten, doch auf der anderen Seite gibt es unser eigenes inneres Kind, das vor Schmerz und Angst schreit. Es gibt die innere Mutter, den inneren Vater für das Tier, das wir so lange versorgt haben. Diese Anteile ertragen es nicht, das Wesen, das sie so innig lieben und für das sie alles tun würden, gehen lassen zu müssen. Denn das heißt, anzuerkennen, dass sie wirklich nichts mehr tun können. Eine Kraft, größer als wir selbst, der Tod, steht plötzlich im Raum und fordert unsere ganze Aufmerksamkeit. Wir sind schlichtweg überfordert von dem Verlust, weil wir auch die Möglichkeit haben, den Todeszeitpunkt unseres Tieres zu wählen. Wir übernehmen damit eine Aufgabe, die das Tier oder die Natur normalerweise selbst löst. Für viele Menschen ist ihr Tier der innigste Wegbegleiter, weil uns Tiere nicht bewerten, nicht verletzen, nicht verraten und nicht enttäuschen. Viele Menschen öffnen ihr Herz für ein Tier weitaus mehr als für einen Menschen, was sehr verständlich ist. Dieses Herz bleibt allein zurück – und die Umwelt versteht oft nicht, wie unermesslich tief die Trauer um ein Tier sein kann. Wir brauchen unbedingt Unterstützung auf diesem schweren Weg. Und sei es die Versicherung: »Du spürst richtig, ich bin bei dir, ich unterstütze dich bei deiner Entscheidung.«

Deshalb ist dieses Buch so wichtig. Beate Seebauer ist an unserer Seite, wenn unser Tier geht, sie hält unsere Hand und auch die Pfote des Tieres, macht Mut und gibt uns Kraft.

Tiere kommen in diesem Buch genauso zu Wort wie Menschen, sie alle berichten darüber, wie sie das Sterben erleben und sich gegenseitig begleiten. Beate möchte uns Mut machen, sich dem Sterben zu stellen, es als Teil des Lebens anzuerkennen. Damit wir unser Tier auch dann begleiten und spüren können, wenn wir einander am dringendsten brauchen.

Susanne Hühn

Einführung

Manchmal überkommt mich eine Welle. Es ist eine Welle des Schmerzes, des Verlustes und der Traurigkeit. Sie kommt ganz plötzlich, ist einfach da. Das Gefühl des Verlustes und des Vermissens ist so enorm, dass es mir fast die Luft zum Atmen nimmt. Ich spüre diese Emotionen in mir, und ich frage mich, wie sie nach all den Jahren immer noch so präsent sein können. Ich fühle in mich hinein und erkenne, dass sich hinter dieser Welle ein noch tieferes Gefühl verbirgt, nämlich Einsamkeit. Ja, ich fühle mich einsam, obwohl ich von Menschen umgeben bin und meine Hündin Safi freudig um mich herumspringt, doch die Welle ist da.

Ganz besonders spüre ich diese Emotionen an jenem Tag, an dem meine Seelenhündin Felina von mir gegangen ist. Mit unseren Seelentieren haben wir eine innige Beziehung, die von einer ganz tiefen, tiefen Liebe und Verbundenheit geprägt ist, die einzigartig ist, denn obwohl wir alle unsere Tiere lieben, ist diese Liebe noch einmal anders. Jedes Jahr wieder, am 7. August, ist für mich ein ganz eigenartiger Tag. Ich nenne ihn eigenartig, weil sich dieser Tag rein äußerlich wie jeder andere Tag auch nicht vom vorherigen unterscheidet und doch ist die Energie an diesem Tag anders. Der Verlust ist größer und fühlbarer als an den anderen 364 Tagen. Doch wenn ich es zulasse und mich ganz weit mache, dann ist meine Seelenhündin Felina mir an diesem Tag näher denn je. Ich spüre und fühle sie so intensiv, und auch unsere Kommunikation ist intensiver und inniger als sonst. Also ist der Tag besonders, denn die Energiewelle ist an diesem Tag intensiver als an allen anderen Tagen, und obwohl mein Herz weint, fühle ich diese innige und tiefe Liebe der Verbundenheit, die mir das Gefühl gibt, dass die Schleier an diesem Tag lichter sind. Felina schickt mir Regenbogen an diesem Tag, denn der ist unser ganz persönliches Zeichen und größte Dankbarkeit erfüllt mein Herz. Dann ist die Welle vorbei. Ebenso schnell, wie sie gekommen ist, ist sie wieder weg. Zurückbleibt zwar das Gefühl des Vermissens, doch die Einsamkeit und die tiefe Trauer sind weg.

Viele von uns haben schon einmal jemanden verabschiedet. Egal, ob es sich um eine Tier- oder eine Menschenseele handelte, ich sehe hier für mich keinen Unterschied. Ich fühle den Verlust über den Tod meines Bruders, der in der Mitte seines Lebens diese Welt verlassen musste, ebenso sehr wie den Weggang meiner Hunde. Deswegen verstehe ich auch die Absicht mancher Menschen nicht, wenn sie uns sagen: »Aber es ist doch nur ein Tier.« Es ist eine Seele, die wir geliebt haben und die Form, in der sie sich in diesem Leben gezeigt hat, spielt für mich, ebenso wie für viele andere Tierbesitzer, keine Rolle. Liebe bleibt Liebe und Verlust bleibt Verlust. An dieser Stelle wünsche ich mir oftmals ein bisschen mehr Einfühlungsvermögen und nicht den Starrsinn, der im Grunde nur eines zeigt: »Mit Trauer und Tod möchte ich nichts zu tun haben.« Genau das ist es nämlich. Es ist uns zuwider, die Menschen traurig und weinend zu sehen. Es ist schwer, weil wir nicht wissen, wie wir mit dieser Situation umgehen sollen, weil wir nicht wissen, wie man aufrichtig und angemessen reagieren kann. Aus meiner eigenen Erfahrung kann ich nur so viel sagen: Mitgefühl und liebevolle Worte und wenn es nur ein »Es tut mir leid« ist, bedeutet den Trauernden sehr viel. Mir bedeuteten sie viel. Sie spenden Trost und man selbst hat das Gefühl, mit seinen Emotionen nicht allein zu sein. Und ja, man fühlt sich tatsächlich geliebt. Dabei spielt es nicht einmal eine Rolle, ob man die Menschen, die einem Trost schicken, persönlich kennt oder nicht. Seit ich das erkannt und am eigenen Leib gespürt habe, bin ich noch umsichtiger und mitfühlender geworden, wenn eine Seele die Welt verlässt. Oftmals fehlen auch mir die richtigen Worte, doch ein »Ich umarme dich und ich schicke dir Kraft!« ist schon genug.

Es gibt viele Bücher über das Sterben und den Tod, doch nur wenige, die über den Tod eines Tierfreundes berichten. Ich möchte mit diesem Buch ein neues Bewusstsein in Bezug auf das Sterben unserer Tiere wecken. Und ich möchte dir helfen, zu verstehen und zu erkennen, dass es nicht um Leid und Leiden geht, sondern um wahren Abschied, um Annehmen, Akzeptieren und Anerkennen und dazu gehört in erster Linie, sich erst einmal mit der Thematik auseinanderzusetzen. Ich möchte dir meinen ganzen Erfahrungsschatz und alles, was ich über dieses Thema weiß, mitteilen, sodass du, wenn es einmal so weit ist, deinen eigenen Weg des Abschiedes gehen kannst. Es spielt keine Rolle, ob dein Tier noch lebt oder schon die Reise ins Regenbogenland angetreten hat. Vielleicht sind noch Fragen offen, oder Schuld begleitet dich. Genau darum möchte ich dich einladen, mit mir und mit den Tieren gemeinsam diesen Weg zu gehen, sodass am Ende Heilung eintreten kann. Komm, gehen wir los! Damit ich dich in deinem Herzen berühren kann und du das Gefühl hast, dass ich während dieser Reise ganz bei dir bin, habe ich die Anrede »DU« gewählt. Allein, wenn ich jetzt schreibe, spüre ich schon unsere tiefe Verbundenheit und genau so soll es jetzt für uns auch sein.

Wie geht denn Sterben?

Ich weiß nicht, ob irgendjemand diese Frage bewusst beantworten kann, doch für jeden ist es sicherlich eine ganz eigene und andere Erfahrung. So ist es auch mit unseren Tieren. Ich habe als Tierbotschafterin, indem ich mental mit Tieren spreche, schon viele unterschiedliche Sterbeprozesse erlebt und jeder Weggang eines Tieres war für mich ein weiterer Schritt in meiner Entwicklung. Man wächst an den Erfahrungen, lernt immer mehr dazu, denn jeder Prozess hat neue Sichtweisen hervorgebracht. Ich kann hier nur aus meiner eigenen Erfahrung schreiben, wie ich die Prozesse erlebe und was mir die Tiere darüber erzählen. Es muss nicht deine Wahrheit sein, denn womöglich sind dir ganz andere Erfahrungen bekannt. Für mich ist das völlig in Ordnung. Dennoch wünsche ich mir, dass du dein Herz jetzt ganz weit aufmachst, sodass die Energie der Worte dein Herz berühren kann. Ich wünsche mir, dass die Gefühle, die diese Worte jetzt hervorbringen, zugelassen werden. Habe keine Angst, vielleicht fließt so manche Träne, doch jede Träne ist heilsam und bringt dich mehr zu dir selbst.

Zurück aber zu unserer Frage: Wie geht das Sterben? Mein Pferd Icaré hat im Jahr 2007 dazu folgende Worte gesagt:

»Sterben ist der Weg zur Geburt in eine andere Dimension. Es ist wie, wenn man einen Schuh abstreift, weil er nicht mehr passt.«

Einfach und schlicht erklärt, aber es fühlt sich für mich einleuchtend an. So sind die Worte der Tiere, einleuchtend und einfach, damit wir sie wirklich alle verstehen können.

Nüchtern betrachtet, ist das Sterben der Prozess, der zum Stillstand der Organfunktionen und somit zum Tod eines Lebewesens führt. Hinter dem Ableben eines geliebten Wesens steckt aber noch viel mehr. Diese Zeit ist für uns alle – den Sterbenden und uns selbst– mit vielen Emotionen verbunden. In dieser Zeit ist jeder für den anderen da, man genießt die Stunden, die noch bleiben, man nutzt sie sinnvoll und lernt so ganz bewusst, mit der Situation umzugehen. Da der Tod bei jedem Tier anders eintritt, ist es uns nicht immer möglich, unser Tier zu begleiten bzw. uns mit der Situation auseinanderzusetzen, vor allem dann nicht, wenn er plötzlich passiert. Aus diesem Grund finde ich es wichtig, sich nicht erst mit dem Thema zu beschäftigen, wenn die Zeit des Abschiedes schon gekommen ist. Viel besser wäre es, sich schon frühzeitig mit der Thematik auseinanderzusetzen, damit man dann, wenn es soweit ist, entsprechend handeln kann.

Ich selbst kann mich noch sehr gut daran erinnern, wie es früher war, als ich noch nichts über den Tod wusste. Allein der Gedanke über den Verlust meiner geliebten Seelenhündin Felina trieb mir schon die Tränen in die Augen. Mein Herz zog sich so fest zusammen, dass ich kaum noch Luft bekam, und ich hatte das Gefühl, man würde es mir entreißen. Die Vorstellung von diesem Tag, der ja zwangsläufig irgendwann einmal kommen würde, verursachte eine tiefe Trauer und Panik in mir. Ich weiß, dass es vielen anderen Menschen ebenso geht und ich weiß auch, dass viele versuchen, diese Gedanken weit von sich zu schieben. »Es ist ja noch Zeit. Mein Tier ist ja erst zwei Jahre alt. Ihm geht es ja gut.« Mit diesen Sätzen versucht man, sich zu beruhigen. Wir verdrängen mit allen Mitteln diese Gedanken und die dazugehörigen Gefühle und bemühen uns, sie in der hintersten Ecke zu verstecken. Ja nicht damit konfrontiert werden und auf keinen Fall die Gefühle zulassen. Sie sind ja noch nicht real, also müssen wir uns auch jetzt nicht damit beschäftigen. Nein, wir müssen es nicht, aber wir sollten es tun, denn jetzt lebt unser Tierfreund noch, liegt glücklich und zufrieden neben uns auf der Couch, wir können ihn küssen und streicheln. Wenn das Tier erst gegangen ist, muss man ganz allein durch diese Emotionen hindurch. Es ist wesentlich einfacher, wenn man vorher die Zusammenhänge versteht, um auch auf die Wünsche und die Gefühle der Tiere eingehen zu können, sodass man dann in der jeweiligen Situation entsprechend handeln kann. Wir sind Meister darin, unangenehme Themen wegzuschieben, sie im wahrsten Sinne des Wortes totzuschweigen, weil wir es so gelernt haben.

Den ersten Kontakt mit dem Tod hatte ich, als ich zwölf Jahre alt war. Mein Cousin war bei einem Autounfall ums Leben gekommen, und meine Eltern wollten nicht, dass ich mit auf die Beerdigung ging. Man hielt mich fern, ich war ja noch jung und klein. Ich selbst konnte nicht verstehen, warum ich nicht mitdurfte, aber anscheinend war der Tod etwas ganz, ganz Schlimmes, wenn man mich beschützen wollte. Erklärt hatte es mir niemand, man schwieg. Als ich 24 Jahre alt war, starb mein erster Hund. Burli war mein Jungendbegleiter, doch ich war nicht da, als er verabschiedet wurde. Ich habe mich dem Ganzen entzogen. Da er noch bei meinen Eltern gewohnt hatte, war es für mich sehr einfach, das alles von mir wegzuschieben. Es war meine Mama, die mit einer Freundin zum Tierarzt ging, um dem Hundefreund seine Erlösungsspritze geben zu lassen. Bei der Spritze selbst war sie allerdings nicht dabei, sie konnte es nicht. Gerade jetzt, da ich das schreibe, merke ich, wie Gefühle der Schuld in mir hochkommen, doch ich weiß auch, dass wir es alle damals nicht besser wussten. Heute würde ich es anders machen. Vielleicht hast du auch schon eine solche Situation erlebt und haderst heute noch mit deiner Entscheidung. Nicht hadern, sondern in Zukunft anders handeln, geht meines Erachtens allerdings nur, wenn man sich den Gefühlen und den damit verbundenen Emotionen stellt. Vor allem dann, wenn man versteht, was sich unsere Begleiter wünschen.

Ich habe im Jahre 2003 von der Tierkommunikation erfahren, als ich auf der Suche nach einer Möglichkeit war, Kontakt mit meinem Rüden Fijack aufzunehmen. Der Grund dafür war seine Krankheit. Er hatte einen Hirntumor und ich wollte so gerne wissen, wie es ihm ging und ob er Schmerzen hatte. Die dringendste Frage für mich war allerdings, ob er noch leben wollte. Auch heute ist das die Frage, mit der ich in diesem Zusammenhang fast immer konfrontiert werde. Das erste, was mein Rüde uns mitteilte, war, dass er dankbar dafür sei, dass wir ihm eine zweite Chance gegeben hatten. Die Tierärztin hatte schon zwei Jahre vorher gemeint, unser Rüde müsse eingeschläfert werden. Das erste, was unser Hund also sagte, war: »Danke.«
Du kannst sicherlich verstehen, dass ich zutiefst berührt war und spürte, dass mein Hund wirklich mit mir kommunizierte. Die Tierkommunikatorin wusste nämlich nichts von seiner Vorgeschichte. Mein Hund erzählte mir weiterhin, dass er es blöd finde, dass sein Körper so nachlasse, aber das sei

wohl der Lauf der Dinge. Er meinte, ein bisschen Zeit hätte er noch, doch wir sollten uns damit auseinandersetzen, dass er nicht mehr allzu lange auf dieser Welt bleiben würde. Natürlich war es wichtig für mich, zu wissen, wie ich denn den richtigen Zeitpunkt für seinen Tod erkennen könnte und er meinte dazu nur, ich würde es wissen!

Sehr beruhigend war diese Aussage nicht. Ich konnte mir zu diesem Zeitpunkt weiß Gott nicht vorstellen, wie ich das wissen könnte, und ich hatte Angst, dass er leiden musste und wir den »richtigen« Moment übersehen könnten.

Ich weiß heute, dass es den meisten Menschen in diesem Zusammenhang mit ihren Tieren ganz genauso geht, und ich kann die Angst und all das, was diese Menschen damit in Verbindung bringen, nämlich Schmerz und Leid, sehr gut verstehen. Mir erging es nicht anders. Heute weiß ich allerdings, dass mein Rüde recht hatte. Verstanden habe ich es, und damit meine ich den ganzen Umfang dieser Worte, trotz meiner besonderen Beziehung zu den Tieren, erst viele Jahre später.

Ich bereitete mich also innerlich auf den Tag vor, soweit man sich darauf überhaupt vorbereiten kann. Ich verbrachte viel Zeit mit Fijack und sagte mir immer wieder: Die Zeit, die wir haben, ist ein Geschenk. Die Krankheit und auch das Wissen, dass er bald gehen würde, waren für mich insofern hilfreich, dass ich mich auf sein Ableben vorbereiten konnte. Ich wusste ja, dass der Tumor immer noch im Körper des Hundes schlummert. Erkennbar war dies vor allen Dingen an seinen langsamen Bewegungen und an seiner geistigen Abwesenheit in vielen Momenten. Zum damaligen Zeitpunkt konnte ich das noch nicht zuordnen. Heute weiß ich, dass er uns diesen Zustand immer wieder bewusst machte, indem Fijack schon damals immer mal wieder aus seinem Körper austrat, dass er sich langsam aus seinem Körper zu lösen versuchte, doch stets wieder zurückkam. Wir erkennen diese Momente, wenn unser Tier den Eindruck erweckt, es wäre mit seinen Gedanken in einer anderen Welt oder geistig nicht da. Der Blick ist meist starr auf einen Punkt gerichtet, und wenn das Tier berührt wird, erschrickt es direkt und vermittelt uns das Gefühl, als käme es von weit her wieder zurück in den Körper. Das ist anscheinend tatsächlich so. Dieses Phänomen ist auch bei uns Menschen zu beobachten.

In dem Jahr, als mein Papa starb, hatte ich an seinem Geburtstag diesen Ausdruck auch bei ihm beobachtet. Als wir auf dem Weg nach Hause waren, meinte ich zu meinem Mann, dass wir nächstes Jahr nicht mehr gemeinsam Papas Geburtstag feiern würden, und er stimmte mir zu, denn er hatte die gleiche Beobachtung gemacht wie ich. Unsere Vermutung bestätigte sich, denn zehn Monate später hat mein lieber Papa diese Welt verlassen. Für mich war es allerdings nicht schlimm, weil ich innerlich mit ihm diesen Weg schon gegangen bin. Sobald man sich für den Tod öffnet und sich mit dem Weggang einer Seele beschäftigt, wird man auch offen für solche Beobachtungen. Ich möchte an dieser Stelle betonen, dass jeder Tod anders ist und es einen Unterschied macht, ob man eine Seele begleiten kann oder ob man von jetzt auf gleich vor vollendete Tatsachen gestellt wird. Den Verlust anzuerkennen und zu verarbeiten, geht hier viel langsamer voran.

Als wir Fijack gehen ließen, und damit meine ich, ihm die Erlösungsspritze zu geben, waren wir bereit. So bereit, wie ich es damals eben sein konnte.

Ich hatte an diesem Tag vormittags meditiert. Ich saß mit meinen Hunden auf einer grünen Wiese unter einem Baum, als ein Engel kam. Er sagte zu meinem Hund, dass er mit ihm gehen solle und dass Felina und ich die beiden gern begleiten dürften. Ich sah eine Brücke, zu der wir gingen. Links und rechts war der Weg mit vielen Lichtern gesäumt. Der Anblick war sehr friedlich und so schön. Als wir etwa auf der Mitte der Brücke waren, drehte sich der Engel zu uns um und sagte: »Weiter könnt ihr jetzt nicht mit uns gehen, eure Zeit ist noch nicht gekommen.« Mein Fijack verabschiedete sich von mir und ging dann mit dem Engel weiter. Felina und ich blieben zurück. Dieses Erlebnis war so real, dass es heute, nach zehn Jahren, noch genauso lebendig ist wie damals. Es war ein Donnerstag. Am Abend kam die Tierärztin zu uns nach Hause. Da mein Mann nicht wollte, dass Felina mit dabei war, bin ich mit meiner Hündin losgefahren und habe meine Schwägerin besucht. Auf dem Weg dorthin hörte ich das Lied »Angels« von Robbie Williams

im Radio und so traurig das Lied in diesem Moment für mich war, empfand ich es doch als passend und tröstend. Für mich war klar: Mein Fijack war nicht allein. Viele Engel würden an seiner Seite stehen und viele Lichter würden für ihn brennen.

Den Zeitpunkt des Todes konnten wir drei, meine Schwägerin, Felina und ich, genau erfühlen. Felina schlief tief und fest und mittendrin riss sie irgendetwas aus dem Schlaf. Sie schaute zur Tür, fixierte meine Schwägerin und mich und schaute wieder zur Tür. In diesem Moment hat sie anscheinend Fijacks Seele gesehen. Der Zeitpunkt passte auch exakt mit Fijacks Todeszeitpunkt überein, wie mir mein Mann später mitteilte. Für mich ist das der Beweis, dass auch Tiere sich von ihren Menschen und Tierfreunden verabschieden, wenn die Seele frei ist und sich losgelöst hat von der körperlichen Hülle.

Für mich steht fest: Je offener wir dem Tod begegnen und ihn akzeptieren, desto leichter fällt den Sterbenden ihr Weggang. Es dauert seine Zeit, sich mit dem Gedanken auseinanderzusetzen und sich zu verabschieden. Der Abschied ist unendlich wichtig, nicht nur für uns, sondern auch für unsere Tiere, doch dazu später mehr. Die Verluste sind natürlich nicht einfach und leicht zu akzeptieren, aber das ist auch verständlich, wenn man bedenkt, dass man einen geliebten Freund oder eine geliebte Freundin nicht mehr streicheln und sehen kann. Doch eines sollte man nicht vergessen: Sie sind immer bei uns!

Was passiert, wenn die Seele den Körper verlässt?

Manche Menschen erzählen, dass eine Seele einige Tage benötigt, um sich vom Körper zu lösen. Betrachtet man die unterschiedlichen Weltreligionen, so gibt es unterschiedliche Ansichten zu diesem Thema. Die einen warten mehrere Tage mit der Beerdigung, damit sich die Seele lösen kann und andere wiederum behaupten, die Lösung gehe sofort vonstatten. Als mein Fijack gestorben war, haben wir seinen Körper drei Tage aufbewahrt, bevor wir ihn begraben haben. Zum damaligen Zeitpunkt war es für mich absolut richtig und ich nahm an, dass eine Seele eine Weile braucht, bis sie den Körper verlassen kann. Heute denke ich, sobald die Seele bereit ist, zu gehen und sich auch dazu entschlossen hat, fängt der Loslöseprozess aus dem Körper schon an. In der Regel beginnen dann auch die einzelnen Sterbephasen. Je länger man mit dem Erlösen wartet, desto mehr gibt man der Seele die Möglichkeit, diesen Prozess zu vollziehen, desto schneller löst sie sich nach dem Leben von der physischen Hülle. Bei meinen Tieren war die Seele mit dem letzten Atemzug aus dem Körper entschwunden und frei wie eine Feder im Wind. Ich habe ja schon erzählt, dass Fijack sich verabschiedet und uns bei meiner Schwägerin besucht hat. Aus diesem Grund bin ich sicher, dass sich seine ganze Seele schon aus dem Körper befreit hatte. Bedenkt man, dass bei einem Sterbeprozess die Seele immer wieder einmal den Körper verlassen kann, so ist es für mich heute ganz klar, dass mit dem letzten Atemzug auch der letzte Teil der Seele aus dem Körper geht. Viele Menschen haben mir hierzu von gleichen Erfahrungen und Erlebnissen berichtet und dabei macht es keinen Unterschied, ob es sich um eine Menschen- oder eine Tierseele handelt.

Unsere Tiere erzählen mir, dass sie nicht allein gehen, sondern dass sie von Engeln, anderen Tieren, die bereits verstorben sind, oder auch Menschen aus der Familie, die sich auf der anderen Seite befinden, abgeholt und begleitet werden. Bei einem Unfall entweicht die Seele nicht auf sanfte Art, sondern wird eher aus dem Körper hinausgeschleudert, was oftmals zur Desorientierung der Seele führen kann. Zur rechten Zeit geht sie aber dorthin, wohin wir alle gehen, wenn unsere Zeit gekommen ist und zwar ins Licht.

Oft werde ich gefragt, wohin die Tiere gehen, wenn sie gestorben sind, ob sie allein den Weg gehen oder ob sie dort auch Menschen oder Tiere treffen, die sie kennen. Meiner Erfahrung nach zeigt es sich so: Ich nehme alles in Form einer Parallelwelt wahr. Das bedeutet, dass alles so aussieht wie bei uns. Man könnte sich die Grenze zwischen den Welten wie einen Vorhang vorstellen, der den Blick in diese Dimension verhindert. Unsere tierischen Freunde leben dort mit Menschen und auch mit anderen Tieren zusammen. Manche sind ihnen bekannt, doch auch fremde Tiere und Menschen befinden sich dort. Unsere Tiere agieren von dort in vielen Fällen als Helfer und Begleiter, wie sie es auch zu Lebzeiten bei uns getan haben. Oftmals zeigen sie sich uns in Form von Zeichen wie zum Beispiel einem Regenbogen, einem Schmetterling, einer Blume oder irgendetwas anderem, was uns etwas bedeutet. Sofern man mit Tieren sprechen kann, ist es ein Leichtes, nach diesen Zeichen zu fragen. Und wenn wir unser Herz ganz weit aufmachen und die Emotionen nicht unterdrücken, können wir unsere Lieblinge sogar fühlen, sobald sie bei uns sind. Sie kommen vorbei, um uns zu besuchen, uns zu trösten, wenn es uns nicht gut geht oder wir vor schwierigen Aufgaben stehen.

Die Seele ist also frei. Man kann sie nicht festhalten, wie es oftmals behauptet wird. So heißt es stets: »Du darfst dein Tier jetzt loslassen! Es kann nicht gehen, wenn du es nicht loslässt!« Nein! So sehe ich das nicht. Bedenkt man, dass eine Seele reine Energie ist, so ist es nicht möglich, diese Energie auch nur ansatzweise festzuhalten. Sie würde durch unsere Finger gleiten, ließe sich nicht einfangen, und sehen können wir sie auch nicht, bestenfalls spüren. Wie ist es aber möglich, dass diese Aussagen immer wieder getroffen werden? Ich glaube, man versteht die Frage falsch. Meiner Ansicht nach ist es die Trauer und die Traurigkeit, diese ganz enorme Verzweiflung, die wir irgendwann ziehen lassen dürfen, und nicht die Verstorbenen selbst. Diese Verzweiflung verhindert, dass wir weitergehen können bzw. dass das Tier in irgendeiner Weise zu uns durchdringen kann. Irgendwann sollten wir das Gefühl loslassen. Irgendwann bedeutet wiederum, dann, wenn es für den Betroffenen der richtige Zeitpunkt ist. Bei dem einen ist es früher, bei dem anderen später.

 Loslassen ist Akzeptanz.

Tiere gehen ins Licht, auf eine andere Ebene, in eine andere Dimension, die den Namen Regenbogenland trägt. Wie auch immer dieser Ort, an den wir alle einmal gehen, wenn wir gestorben sind, für dich heißen mag – wähle den Namen, der dir am besten gefällt. Bei einem normalen Sterbeprozess löst sich die Seele des Tieres von seinem Körper, um dann zum passenden Zeitpunkt seine Reise anzutreten. Für mich ist dieser Zeitpunkt gekennzeichnet von einem Gefühl der tiefen, tiefsten Liebe und des absoluten Friedens. Immer dann, wenn ich dieses Gefühl in mir wahrnehme, weiß ich, alles ist gut. Die erste und innigste Erfahrung hierzu hatte ich, als mein Fijack gestorben war. Ich war mit Felina auf den Feldern unterwegs und die Tränen liefen und liefen. Mein Schmerz war groß, als ich seine Stimme in meinem Kopf vernahm.

Er fragte:

Möchtest du spüren, was ich jetzt empfinde?

Ja! Ich wollte das unbedingt. Ich erlebte daraufhin ein Gefühl, das ich nur schwer in Worte fassen kann. Niemals zuvor hatte ich so etwas gespürt. Es war ein unendliches Gefühl der Liebe, das so intensiv und umfassend war und dazu diese tiefe innere Ruhe, dieser innere Frieden, der einem das Gefühl gibt, angekommen zu sein. Zu Hause! All-Liebe! Vertrauen! Verbundenheit! Liebe! Und all diese Wörter treffen es nur im Entfernten.

Mir wurde in dem Moment bewusst, wenn es dort so schön ist und man sich an diesem Ort so fühlt, wie konnte ich mir dann wünschen, dass mein Fijack wieder bei mir war? Ich war egoistisch, doch das ist menschlich und völlig normal.

Viele Tiere haben seither versucht, ihren Menschen die Welt zu beschreiben, in die wir alle einmal umsiedeln. Hierfür übermitteln sie uns in Botschaften, was sie empfinden. Sicher sind das nur Worte, und auch, wenn man es mit dem selbst erlebten Gefühl nicht vergleichen kann, so sind sie dennoch hilfreich. Sobald du bereit bist und dich öffnest, kannst du es ebenfalls spüren. Nimm es an!

Paddy, der Hund meiner Klientin Gaby hat mir Folgendes über dem Ort berichtet, an dem er sich jetzt nach seinem Tod befindet:

 *Leicht, Freiheit, Freude, Spaß, Frieden, Liebe. All das ist hier. Man kann immer noch die Welt sehen, wenn man das möchte, es ist wie eine Parallelwelt, ein Spiegel des Diesseits. Ich sehe alles, den Weg, die Büsche, die Schmetterlinge, die Wiese, wo wir spazieren waren. Ich sehe die Natur, die vielen Bäume und den kleinen Bach. Der Ort hier ist einfach Liebe. Es ist ein Ort, der nur durch den Hauch einer Wand versteckt ist.*

Manchmal allerdings, wenn Tiere ganz plötzlich aus dem Leben gerissen werden, und damit meine ich zum Beispiel durch einen Unfall, kann es sein, dass die Seele erst einmal nicht weiß, was passiert ist. In solch einem Fall fehlt das Gefühl der tiefen Liebe und des inneren Friedens. Mit einem Gebet oder dem Ruf der Engel mit der Bitte, dass die Seele dorthin gehen kann, wohin sie gehen möchte, kann man diese Energie verändern. Immer dann, wenn ich zum Beispiel ein verstorbenes Tier am Straßenrand sehe, spreche ich ein kurzes Gebet und bitte die Tiergeistführer:

»Himmlischer Vater, himmlische Mutter, liebe Tiergeistführer. Ich bitte euch um eure Hilfe, dieser Seele den Weg ins Licht zu zeigen. Sei sie durch euch getragen, behütet und beschützt. Amen.«

Mehr braucht es nicht!

Was bedeutet die Aussage, dass wir niemals getrennt sind?

Vielleicht hast du auch schon einmal die Aussage gehört: »Egal was passiert, wir sind immer zusammen und niemals getrennt.«

Was ist damit genau gemeint? Ganz oft habe ich diesen Satz schon von Tieren vernommen und auch mein Fijack und meine Felina teilten mir das immer wieder mit. Begriffen habe ich diese Aussage aber erst, als ich zwei Jahre vor Felinas Weggang während eines Rituals auf einem Seminar den Auftrag erhielt, eine schamanische Reise durchzuführen. Bei dieser sollte ich alles erfahren, was ich bisher über den Tod noch nicht verstanden hatte. Man sagte mir, dass ich meine Felina mit auf diese Reise nehmen sollte. Ich möchte dir davon erzählen, weil sie so viele Antworten für mich parat hielt und viele meiner eigenen Fragen beantwortet wurden.

Auf dem Weg zur Unteren Welt wurden meine Hündin und ich von einem Indianer in Empfang genommen. Er führte uns einen Weg entlang, bis er an einer Stelle stehen blieb. Es war, als würde sich der Schleier lüften, das Bild war so real. Es zeigte viele Verstorbene, die ich kannte: meinen Jugendhund Burli, meine Oma und plötzlich sah ich auch mich. In diesem Moment kam mir der Gedanke: Wie kann ich dort sein, wenn ich doch mit Felina hier auf dieser Seite bin? Plötzlich wurde es mir bewusst: Ein Teil von mir war niemals weg. Ein Teil meiner Seele befand sich immer auf der anderen Seite. Das erklärt auch, warum man mit Verstorbenen kommunizieren kann, obwohl sie vielleicht schon wieder inkarniert sind. Diese Erkenntnis fühlte sich wahr und stimmig an. Die Aussage »Wir sind niemals getrennt!« gewann an Bedeutung und Glaubwürdigkeit für mich.

Verstehst du, was das heißt? Es bedeutet: Auch wenn dein Tier schon gestorben ist, kann ein Teil deiner Seele bei ihm sein, und wenn es dich auf der Erde besuchen möchte, ist das ebenfalls möglich.

Manche Menschen glauben, es wäre schlimm, wenn man Treffen mit den Seelen Verstorbener bewusst herbeiführt. Sie sagen, es würde die Seele von ihrem Lernprozess abhalten. Ich sehe das ganz anders. Eine Seele kann an dem Ort verweilen, an dem sie verweilen möchte, und niemand kann das beeinflussen. Vielleicht sind deine Einstellung und dein Gefühl zu diesem Thema ganz anders. Das ist völlig in Ordnung, und ich möchte dir meine Ansichten und meine Erfahrungen auf gar keinen Fall aufdrängen. Ich habe es so erlebt, mir wurde es so erzählt, und darum bin ich von meiner Ansicht überzeugt. Ob das die Wahrheit ist, werde ich spätestens dann erfahren, wenn ich selbst einmal diesen Weg gehe. Trotzdem gibt es auch Autoren, die mein Weltbild, meine Erfahrungen bestätigen, weil sie es ähnlich wie ich erlebt haben. So spricht zum Beispiel Pascal Voggenhuber in seinem Buch »Nachricht aus dem Jenseits« von einem Brotteig, der die Seele darstellt, und für jedes Leben wird aus diesem Brotteig ein Mensch geformt, der dann hier auf der Erde seine Erfahrungen sammelt. Sobald er gestorben ist, kommt er wieder zurück in den Brotteig, und das nächste Stück wird geformt. Es entspricht meiner Erkenntnis während der schamanischen Reise, dass ein Teil der Seele immer auf der anderen Seite bleibt. Tierseelen und Menschenseelen machen für mich hier keinen Unterschied.

Du bist also niemals von deinen Liebsten getrennt, weil ein Teil von dir, egal auf welcher Seite du dich befindest, immer mit ihnen zusammen ist.

Was wünschen sich Tiere von uns Menschen?

Sofern du nicht, so wie ich, mit Tieren mental kommunizieren kannst, ist es vielleicht schwer, zu verstehen, dass Tiere sich im Moment des Sterbens etwas von uns wünschen. Ich kann behaupten, dass sie sehr wohl Wünsche an uns haben. Nicht jeder ist zu diesem Zeitpunkt bereit, diese Worte zu verstehen oder gar anzunehmen, aber darum geht es auch nicht. Wir müssen sie einfach einmal gehört oder gelesen haben, um so unser eigenes Weltbild zu überdenken und gegebenenfalls neu zu ordnen.

Sätze, die ich von unseren tierischen Begleitern und ihren Besitzern ständig höre, sind:

»Höre auf dein Herz und nicht auf das, was andere sagen.«

Was wollen unsere Tiere damit sagen, bzw. was meinen sie damit? Sie möchten, dass wir ganz bei uns sind und uns die Zeit nehmen, die wir brauchen. Wir sollen auf unser Gefühl hören. Sie lehren uns, Eigenverantwortung zu übernehmen und uns selbst zu vertrauen.

Viele Menschen sagen in solchen Momenten:

»Ich bin so gelähmt von meinem Schmerz, dass ich gar nichts mehr fühle.«

Diese Worte verstehe ich, dennoch ist es gar nicht so schwer, auch in außergewöhnlichen Situationen etwas zu fühlen. Gemeinsam mit lieben Menschen und tierischen Begleitern gelingt es sehr gut, und darum unterstütze ich die Menschen in diesen Momenten. In diesem Buch ist es die » Innere Reise zum Seelenzustand des Tieres« auf Seite 38 f., die dir hierbei helfen soll.

Unsere Lieblinge wünschen sich aber auch, dass wir ihnen beistehen und bei ihnen bleiben, sobald der Zeitpunkt des Abschiedes kommt, sofern es nicht außerordentliche Umstände sind, die zum Tod führen. Wenn sich die Möglichkeit bietet, mit unserem Tier zusammen zu sein, sollten wir diese Erfahrung auch mitnehmen und dem Tier beistehen. Manche Menschen fürchten sich davor. Sie haben Angst, dass die Emotionen sie überwältigen könnten oder sie das Ereignis nicht durchstehen. Du musst nicht stark sein, du darfst auch weinen, denn es ist völlig normal und nicht verwerflich. Du beeinflusst dadurch den Weggang dieser wunderbaren Seele nicht. Gib deinem Tier Liebe, Verständnis und vor allem das Gefühl, nicht allein zu sein. Ich glaube, für viele Tiere ist das sehr wichtig, und im Nachhinein wirst auch du erkennen, wie wichtig es für dich war.

Es gibt allerdings auch Tiere, die es vorziehen, allein zu gehen. Die dazugehörigen Menschen machen sich dann Vorwürfe, weil sie nicht da waren. Sie haben oftmals das Gefühl, versagt zu haben, doch das ist nicht so. Dein Tier hat es so gewählt, weil es vielleicht nicht die Erlösungsspritze wollte oder weil es dich so sehr liebt und genau wusste, dass du der Sache nicht gewachsen bist. Es gibt viele Gründe und Antworten für eine derartige Entscheidung und eines möchte ich an dieser Stelle ganz klar sagen: Dein Liebling wollte nicht, dass du Schuldgefühle bekommst. Dein Tier liebt dich im Gegenteil so sehr, dass es dich schützen wollte. Es hat aus tiefster und innigster Liebe zu deinem Besten gehandelt. Vergiss das nicht.

Sollte das Tier eingeschläfert werden, dann bleibe bei deinem Tier und begleite es bis zum Schluss. Egal, wie weh es tut und wie schmerzhaft es für dich sein mag. Du kannst dein Tier beruhigen, es halten oder streicheln und ihm damit ein so tiefes Gefühl der Liebe und Verbundenheit vermitteln, wie wir uns das vielleicht auch für unseren eigenen Weggang wünschen. Diesen Beistand sind wir unseren Tieren schuldig.

Mir wurde zu Beginn der Arbeit an diesem Buch von einer Klientin erzählt, dass sie für sich den Weg gewählt hat, ihr Pferd zum Pferdemetzger zu geben, weil es so grausam wäre, den Kadaver des Tieres in der Tierverwertung zu wissen. Ich beurteile und verurteile an dieser Stelle nicht, ich frage dich nur: Ist es für das Tier schlimmer, den Tod vor Augen zu wissen, ganz allein? Ist es schlimmer, zuzusehen, wie andere Pferde vor mir getötet werden? Oder ist es für mich als Mensch schlimmer, zu wissen, dass die leere Hülle meines Lieblings in einer Tierverwertungsanlage liegt. Ist es in diesem Fall nicht die Angst, die mich zu so einer Aussage zwingt, weil ich vielleicht mit der Situation und den Emotionen nicht fertig werde, wenn ich meinem Tier beistehe? Drücke ich mich in diesem Fall nicht vor der Verantwortung? Was denkst du?

Die meisten Tiere wünschen sich von uns Lichter und aus diesem Grund entzünde ich für die Tiere, die ich begleite, eine Kerze. Licht symbolisiert Liebe, Frieden und Freude und vielleicht wünschen sich unsere Freunde deswegen diese Geste.

Innere Reise zum Seelenzustand des Tieres

An dieser Stelle möchte ich dir eine Reise anbieten, die dir den inneren Seelenzustand deines Tieres verrät. Da wir ja oft nur den »Verfall des Körpers« sehen und diesen dann mit Qualen und Leid in Verbindung bringen, ist es sicherlich wichtig, zu spüren, wie die Situation tatsächlich ist. Du musst dazu nicht in Meditationen geübt sein. Du brauchst dich nur für etwas Neues zu öffnen.

Sobald du die Augen schließt, ist es dir möglich, mit dem Herzen zu sehen. Das Bild, das sich dir dann zeigt, entspricht in den meisten Fällen nicht dem Bild, das du mit deinen Augen wahrnehmen kannst. Denke daran, wie es für dich ist, wenn du ein Tier auf drei Beinen siehst. Bei den meisten entsteht sofort ein Gefühl des Mitleides. Diese Wesen sind sehr oft den bedauernden Blicken oder Gefühlen der Menschen ausgesetzt. Diese Situation belastet sie aber, da sie sehr genau spüren, was in uns vorgeht und was wir fühlen. Wer aber sagt denn, dass dieses Lebewesen nicht trotzdem glücklich ist? Dass es froh ist, auf der Welt zu sein und trotz seines Handicaps ganz gut mit den Gegebenheiten zurechtkommt? Gehe an dieser Stelle tief in dich. Man verbindet solche Bilder sofort mit dem eigenen Tier oder mit dem Gedanken, wie es wäre, wenn wir selbst nur noch einen Fuß hätten. Ohne selbst in einer vergleichbaren Situation zu sein, können wir nicht wissen, wie man sich dann fühlt, aber für einen positiv denkenden Menschen geht das Leben sicherlich auch einbeinig weiter. Bei den Tieren ist es ebenso. Sie sind trotzdem glücklich, haben Freude und Spaß am Leben, sind flink und laufen wie der Wind. Genauso verhält es sich, wenn unser Tier krank oder schwach ist. Wie es im Innersten unseres Tierfreundes wirklich aussieht und ob es noch weitergeht, wissen wir nur, wenn wir es im Herzen sehen. Mit den Augen kannst du diesen Zustand niemals objektiv bewerten. Die nächste Übung soll dir helfen, zu fühlen und mit deinem inneren Auge zu sehen. Blende deinen Verstand bewusst aus und fühle mit deinem Herzen. Das Herz, und nur das Herz kennt die Wahrheit. Oftmals habe ich den Menschen von ihren Tieren schon übermittelt, dass sie mit dem Herzen schauen sollten und nicht mit den Augen, wenn es um Krankheit, Schmerz und Leid geht. Dann würden die Menschen sehen und fühlen, was die Wahrheit ist.

 Nur das Herz kennt die Wahrheit. Schaue mit deinem Herzen, indem du die Augen schließt.

Meditation: Innere Reise zum Seelenzustand des Tieres

Schließe deine Augen nachdem du diesen Text gelesen hast, oder lasse ihn dir vorlesen.

Mache es dir neben deinem Tier bequem, und atme in deinem Rhythmus ganz tief ein und wieder aus. Mit jeder Ausatmung lässt du alles los, was dir Sorgen macht und Kummer bereitet. Konzentriere dich jetzt nur auf deinen Atem. Je länger du ganz bewusst atmest, desto ruhiger wirst du und desto mehr kommst du bei dir an. Falls deine Augen noch geöffnet sind, schließe sie jetzt, und beobachte den inneren Rhythmus deines Atems. Spüre, wie deine Bauchdecke sich beim Einatmen hebt und sich wieder senkt, wenn du ausatmest. Du wirst immer ruhiger und ruhiger. Komme nun ganz bei dir an. Stelle dir jetzt dein Tier vor. Du bemerkst die Nähe und die Anwesenheit deines Tieres, es ist ein beruhigendes und schönes Gefühl.

Genieße es für den Augenblick und atme weiter tief ein und aus. Bitte jetzt deinen Schutzengel und den deines Tieres um Hilfe bei deiner Suche nach Antworten. Vertraue darauf, dass das, was du jetzt gleich spüren, sehen oder hören kannst, der absoluten Wahrheit entspricht. Öffne dich, indem du deine Bereitschaft zeigst, die Gefühle und Bilder wahrzunehmen. Stelle dir dazu vor, wie dein Herz sich öffnet. Es blüht auf wie eine Lotosblume am frühen Morgen. Du bist jetzt bereit. Frage nun dein Tier innerlich: »Wie fühlst du dich?« Dann empfange die Gefühle deines Tieres. Spürst du Schmerz, Trauer oder Kummer? Oder empfindest du eine Art von Leichtigkeit? Lasse zu, was passiert und vor allem lasse dir Zeit. Wenn du Freude, Ruhe oder Gelassenheit empfängst, dann zweifle es nicht an. Egal, was jetzt kommt, was sich dir zeigt oder was du fühlst, es entspricht der Wahrheit.

Frage nun dein Tier innerlich: »Möchtest du gehen?« Auch wenn dich diese Frage vielleicht mit Angst erfüllt, sei offen und bereit, denn egal wie die Antwort aussieht, du hast trotz allem noch Zeit. Vertraue auf dein Gefühl und auf die Worte, die du jetzt hörst. Spürst du eine Ablehnung bei dem Gedanken an die Erlösung, oder fühlst du tiefe, tiefe Liebe und inneren Frieden? Bleibe so lange in diesem Zustand, wie du es als richtig empfindest. Genieße diese tiefe Verbundenheit mit deinem Tier. Wenn du bereit bist, dann bedanke dich bei deinem Schutzengel und dem deines Tieres für ihre Hilfe, und komme langsam und in deinem ganz persönlichen Rhythmus mit jeder Einatmung wieder im Hier und im Jetzt an. Sei wieder ganz da.

Ich hoffe, diese Reise hat dir geholfen, die Wahrheit zu fühlen und eine Antwort auf deine Frage zu bekommen. Ich bin mir ziemlich sicher, dass deine Einstellung gegenüber dem körperlichen Zustand deines Tieres nicht mehr mit dem, was du siehst, übereinstimmt.

Wie gehe ich mit der Diagnose meines Tierarztes um?

Ich kann mich noch sehr gut an den Moment erinnern, als meine Tierärztin mir mitteilte, dass meine Hündin einen Milztumor hat, der in die Bauchhöhle blutet. Anders als viele andere Menschen war ich auf diese Worte allerdings vorbereitet gewesen, da Felina mir schon in der Nacht zuvor gesagt hatte: »Den Winter sehe ich nicht mehr.« Meine Tierärztin riet mir weiter, dass ich nicht mehr so lange damit warten sollte, meine Freundin zu erlösen. Ich fragte meine Ärztin ganz ruhig: »Warum, wie lange wird sie denn noch leben?« »Na ja, so etwa 24 Stunden«, meinte sie. Nachdem diese Worte bei mir ankamen, habe ich meinen Hund genommen. Ich schaute sie an, sagte Danke und dass ich mich dann, wenn es Zeit wäre, wieder melden würde.

Ich wusste, dass mein Hund gehen würde. Zum ersten Mal hatte mir Felina das drei Monate zuvor mitgeteilt, und in der Nacht vor der Diagnose hörte ich es wieder. Damals hatte ich diese Aussage allerdings nicht ernst genommen, denn sie hatte nichts, was ich äußerlich bemerken konnte, außer ein paar körperlichen Wehwehchen, die allerdings auch dem Alter entsprechend waren. Ich weiß noch genau, dass ich dachte: »Aber nein, du hast dich verhört, was sollte denn sein.«
Jetzt war er also da, der Zeitpunkt des Abschiedes. Der Tag, vor dem ich schon immer Angst gehabt hatte und doch fühlte ich mich erstaunlich ruhig. Ruhig, weil ich mich schon

lange zuvor mit dem Thema beschäftigt hatte und bis zu diesem Zeitpunkt schon viele Tiere begleiten durfte. Natürlich waren da auch Schmerz und Traurigkeit, die diese Gewissheit, dass der Zeitpunkt des Abschiedes nah ist, mit sich bringt. Diese Gefühle sind völlig normal. Das Wichtigste in so einem Moment ist jedoch, sich Zeit zu nehmen und sich richtig zu verabschieden. Hier geht es nicht um Schmerz oder Leid. Nein! Es geht um die Bereitschaft, sich mit dem Thema auseinanderzusetzen und um das innere Ja. Schmerz und Leid sind, wie ich schon beschrieben habe, Wörter, die wir Menschen benutzen. Ich jedoch habe andere Erfahrungen gemacht. Die Tiere erzählen, dass sie, sofern sie enorme Schmerzen empfinden, aus dem Körper austreten können, was man im Übrigen auch bei den Menschen beobachten kann. In diesen Momenten löst sich die Seele zeitweise aus dem Körper, um auf Reisen zu gehen. Auf diesen Reisen empfindet dein Tier keinen Schmerz. Sollte allerdings das Gefühl präsent sein, dass es Schmerzen hat, dann ist es durchaus legitim, ihm Schmerzmitteln zu geben. An der Gewissheit, dass das Tier stirbt, wird sich nichts mehr ändern, du kannst ihm dadurch aber Schmerzen ersparen. Tiere wimmern oft, wenn sie den Sterbeprozess durchlaufen, doch ich bin mir nicht sicher, ob das jedes Mal etwas mit körperlichen Schmerzen zu tun hat oder einfach als Wehklagen zu verstehen ist. Auch unsere Tiere durchlaufen den Prozess des Abschiedes und schon oft habe ich gehört, dass unsere Lieblinge noch Zeit brauchen, um mit der Situation umzugehen. Sie wünschen sich Zeit mit ihren Menschen, die diese ganz intensiv mit ihrem Tier verbringen sollten.

Nachdem ich die Diagnose meiner Tierärztin gehört hatte, richteten wir zu Hause für Felina alles passend ein. Normalerweise nächtigte sie bei uns im Schlafzimmer, doch da sie keine Treppen mehr steigen konnte, verlegten wir unser Bett ins Wohnzimmer. Wir waren 24 Stunden am Tag zusammen. Das ist natürlich nicht jedem möglich, und vor allem nachts war es nicht so einfach. Wir konnten nicht schlafen, weil Felina sehr ruhelos war. Sie wanderte umher, veränderte stets ihre Körperlage, und erst als ich einen Heilkreis (Erklärung auf Seite 93) aus Engelkarten unter ihre Decke legte, wurde es besser. Wir verbrachten sehr viel Zeit draußen in der Natur, an Orten, die meine Hündin liebte. Wir lagen auf Feldwiesen und beobachteten gemeinsam die Natur. Mir kam es vor, als würde sich mein Hund von allem und jedem verabschieden, den sie gerne gemocht hatte. Es gab Zeiten, da ging es ihr besser und ich ertappte mich dabei, wie ich anfing, Hoffnung zu schöpfen. Vielleicht war ja doch alles ein Irrtum, vielleicht konnte ich ja homöopathisch doch noch etwas bewirken. So kramte ich in meinem Medizinkästchen und versuchte, Felina selbst zu helfen. Jedes Mal, wenn ich diese Anstrengung unternahm, zeigte sich aber ein anderes Symptom. Ein humpelnder Fuß, Durchfall und ich weiß nicht, was noch, bis mir selbst klar wurde: »Beate, egal was du jetzt tust, sie hat sich entschieden. Sie hat gesagt, dass sie jetzt geht.« Dieser Moment machte mir deutlich: Es ist vorbei, es gibt kein Zurück mehr. Nach dieser Erkenntnis gab ich alle negativen Emotionen ab, und mir wurde leichter ums Herz, denn ich akzeptierte, dass ich nichts mehr tun konnte. Es waren die intensivsten 16 Tage, die ich mit meiner Seelenhündin verbracht hatte und um nichts in der Welt möchte ich diese Zeit missen. Dennoch war sie extrem anstrengend, gefühlsbetont und kräftezehrend, denn den körperlichen Verfall seines Lieblings mit ansehen zu müssen, gehört nicht zu den einfachsten Aufgaben. Und trotzdem: Es war das alles wert.

Hätte ich auf meine Tierärztin gehört, wäre mir diese Zeit verwehrt geblieben, und das ist es, was ich dir mit auf den Weg geben möchte. Lasse dir Zeit! Nimm dir die Zeit, die du und dein Tier brauchen, um sich mit der Situation anzufreunden, sie zu akzeptieren und verstehen zu können. Dieses Verhalten ist völlig legitim, und jede Aussage, dass wir unsere Tiere auf diese Art quälen, halte ich für den größten Quatsch aller Zeiten. Wir spüren und wir wissen ganz genau, was das Beste für unseren Liebling ist. Vielleicht findest du es jetzt schlimm, wenn ich sage: Die Tiere würden es auch allein schaffen. Doch wie du schon weißt, leiden Tiere nicht im menschlichen Sinne.

In dem Moment, in dem ein Tierarzt sagt, du würdest dein Tier quälen, unterstützt er den Glaubenssatz, dass unsere Tiere leiden. Wie ich schon mehrmals sagte: Tiere leiden nicht. Sie haben Schmerzen, doch jedes Tier, das ich bis jetzt dazu befragt habe, meinte: »Leid ist ein menschlicher Ausdruck, und wenn ihr eure Augen zumacht, dann werdet ihr das auch sehen.«

Ich weiß, dass es nicht leicht ist, sich vor jemandem zu behaupten, der doch viel mehr über die Krankheit weiß als man selbst. An dieser Stelle gehe ich einfach einmal von mir selbst aus. Angenommen, ich würde heute die Diagnose bekommen, dass ich sterben müsste und man könnte mich aber auch von all dem erlösen, würde ich mir wünschen, selbst erst einmal mit der Situation klarzukommen. Ich hätte das Bedürfnis, mich von all den schönen Dingen, die mir wichtig waren, zu verabschieden, ich würde mit mir meinen Frieden machen wollen und mit all den anderen Lebewesen in meinem Umfeld auch. Warum also stehen einem Tier solche Bedürfnisse nicht zu? Ich denke, viele gehen davon aus, dass ein Tier diese Bedürfnisse nicht hat und sich nichts anderes wünscht, als gleich erlöst zu werden, damit es in keinem Fall leidet oder Schmerzen hat.

Weißt du, dass manche Tiere auch Angst vor dem Sterben haben? Ist dir bewusst, dass viele Tiere noch nicht dazu bereit sind? Meine Hunde waren bereit, weil wir ihnen und auch uns die Zeit gegeben hatten, die wir alle benötigten, um mit der Situation umzugehen.

Ich weiß, dass es uns manchmal schwerfällt, uns vor jemandem, der sich auskennt, zu behaupten, doch bedenke immer: Es ist DEIN Tierfreund, DU hast die Verantwortung und sonst niemand. Gib diese Verantwortung nicht ab, sondern übernimm die Verantwortung für dein Handeln selbst. Ich persönlich finde es nicht richtig, dass Tierärzte oftmals mit ihrer Aussage »Das Tier muss eingeschläfert werden« die Verantwortung für die Menschen und deren Haustiere übernehmen. Die meisten haben nämlich nicht den Mut und die Klarheit, genau zu wissen, was sie in dem Moment tun. Sie übernehmen dann nicht die Verantwortung für sich und ihren Liebling, sondern akzeptieren, dass jemand anderes die Entscheidung zum Wohle aller fällt. Manche hören nur das Wort »einschläfern« und es bedeutet in ihrem Zusammenhang, dass es keine Rettung mehr gibt. Und damit das Tier nicht leidet, macht man es gleich und sofort. Ich frage mich an dieser Stelle immer: Kommt es wirklich auf einen Tag eher oder später an? Ist dieses »Jetzt gleich« so wichtig? Es kommt mir oftmals so vor, als würde man zu dieser Entscheidung gedrängt werden, als spiele es keine Rolle, ob man dazu bereit ist oder nicht. Und noch schlimmer, niemand macht sich darüber Gedanken, ob das Tier schon dazu bereit ist. Hier fehlt es meines Erachtens oftmals an Feingefühl und Mitgefühl. Es ist, als wäre man eine Nummer, die es abzuarbeiten gilt. Oftmals ist das fatal, weil niemand die Möglichkeit hat, seine eigene Entscheidung zu treffen. Da wundert es einen nicht, dass man oft den Tierärzten die Schuld für eine hinterher als falsch empfundene Handlung gibt. An dieser Stelle möchte ich aber auch einmal erwähnen, dass es natürlich auch Tierärzte gibt, die die Tierhalter unterstützen und sie nicht bedrängen, sondern an der Seite ihrer tierischen Patienten stehen.

Eine Klientin von mir hatte so ein Erlebnis. Ihre junge Hündin war immer mal wieder krank. Sie wurde schlapp und müde und die verschiedensten Untersuchungen brachten kein Ergebnis. Erst als sie in eine Tierklinik fuhr, erhielt sie eine Diagnose. Die Hündin hatte einen Virus, der von einer Zecke übertragen worden war und die Infektion mit dem verlief zu 70 Prozent tödlich. Man sagte ihr, dass es die Möglichkeit einer Bluttransfusion oder eben die Spritze für die Einschläferung gebe. Meine Klientin war in dem Moment so überfordert mit der Situation, dass sie sich für die Spritze entschied. In solchen Augenblicken sind wir oft nicht fähig, mit so einer Aussage umzugehen, weil wir zum einen gar nicht mit einer solchen Diagnose gerechnet haben und zum anderen auch unter Schock stehen.

Die Klientin mit der jungen Hündin hatte sich einen Tag später, nachdem sie ihre Hündin in der Tierklinik einschläfern gelassen hatte, schon gefragt, ob es richtig gewesen war oder ob es nicht doch noch einen anderen Weg gegeben hätte. Bedenke: Diese Entscheidung ist nicht mehr rückgängig zu machen!

Ich habe mich oft gefragt, warum man in solch einer Situation nicht sagen kann: »Hören Sie zu, es ist ernst, aber es gibt noch die Möglichkeit einer Bluttransfusion. Überlegen Sie doch erst einmal, ob Sie Ihren Hund wirklich einschläfern lassen möchten. Ihr Hund ist jung und es gibt immerhin eine 30-prozentige Chance. Sie müssen diese Entscheidung nicht heute treffen. Überlegen Sie es sich gut und wenn Sie sich dagegen entscheiden, dann haben Sie auch noch Zeit, sich von Ihrem Tier zu verabschieden. Es ist wichtig für Sie und für Ihr Tier.«

So sieht meines Erachtens Verantwortung aus, und das würde ich mir auch von einem Tierarzt wünschen. Niemand hat das Recht, die Verantwortung für andere zu übernehmen und in diesem Zusammenhang auch noch über Leben und Tod zu entscheiden. Das ist zumindest meine Meinung. Vielleicht sträubt sich an dieser Stelle etwas in dir, wenn du meine Worte liest. Das ist völlig in Ordnung und normal, denn dahinter sind einfach die Ängste verborgen, die wir mit unseren Glaubenssätzen des Leidens verbinden. Ich glaube, erst, wenn wir wirklich verstanden haben, worum es geht, fällt es uns leichter, allen und somit auch den Tieren die Zeit zu geben, die sie wirklich brauchen.

Manche meiner Klienten kommen mit folgender Frage zu mir: »Soll ich mein Tier einschläfern lassen?« Komischerweise haben die Tiere hierauf noch nie mit einem klaren »Ja« geantwortet. Die meisten ermutigen ihre Menschen darin, auf ihr Gefühl zu hören und sie vertrauen darauf, dass ihre Menschen das Richtige tun.

Nur einmal hatte ich ein Gespräch mit einem Schäferhund, der zu mir sagte, dass er nicht mehr konnte. Man muss hierzu vielleicht wissen, dass die Menschenfreundin den Hund nicht hatte einschläfern lassen wollen. Sie hatte schon einmal einer Hündin die gefürchtete Spritze geben lassen müssen, und das Erlebnis war für sie ein totaler Schock gewesen. Die Hündin hatte sich gewehrt, war von dem Behandlungstisch gesprungen und zu guter Letzt hatte sie auch bei der Todesspritze enorme Qualen gehabt und geschrien. Dass dieses Erlebnis für die Hundebesitzerin ein Trauma darstellte, ist für jeden verständlich. So war es aber gekommen, dass ihr Rüde nicht mehr laufen konnte. Man musste ihn hinaustragen, damit er sich erleichtern konnte. Für einen stattlichen Schäferhund war das sicherlich nicht leicht zu akzeptieren. Er hatte alles über sich ergehen lassen, weil er seine Freundin so liebte. Die Klientin weinte und sagte, sie verstehe überhaupt nicht, warum ihr Hund nicht ins Licht gehe. Sie erlaube es ihm, sie habe alles getan, um es ihm leicht zu machen. In diesem Moment hörte ich die Worte: »Ich kann nicht mehr und ich will nicht mehr.« Ich habe der Menschenfreundin in diesem Moment die Entscheidung nicht abgenommen, sondern einfach gesagt: »Vielleicht muss mit dem Einschläfern dein Trauma geheilt werden. Vielleicht kann er deswegen nicht gehen, weil du es auf diese Weise tun musst. Denke doch einmal darüber nach.« Dass der Hund das begrüßen würde, habe ich allerdings nicht gesagt. Nach drei Tagen rief sie wieder bei mir an und erzählte, dass am Abend der Tierarzt kommen werde, um den Hund zu erlösen. Sie habe das ganze Wochenende über meine Worte nachgedacht und sei zu dem Ergebnis gekommen, dass diese tatsächlich der Wahrheit entsprechen könnten. Ich sagte zu ihr, dass ich in Gedanken mit dabei sei und eine Kerze anzünden werde, worüber sich meine Klientin sehr freute. Am nächsten Tagen rief sie mich wieder an und erzählte, dass der letzte Abschied das schönste Erlebnis sei, das sie erlebt habe. Der Hund sei bereitwillig zu ihr gekommen, habe den Kopf auf ihren Schoß gelegt und sei in ihren Armen ganz friedlich eingeschlafen. Es sei alles so friedlich und liebevoll gewesen, ganz anders als bei ihrer Hündin. Sie werde jetzt keine Schuldgefühle mehr haben, und eine große Last sei von ihrem Herzen gefallen.

Diese Aussage hat mich in diesem Moment sehr berührt, und ich war zutiefst dankbar, dass sie das Richtige getan hatte, indem sie selbst diese Entscheidung getroffen hatte.

Ich finde es enorm wichtig, dass du gerade in so einem Augenblick die Entscheidung selbst fällst, dass du sie keinem anderen überlassen kannst und schon gar nicht jemandem, der nicht mit deinem Tier zusammenlebt. In deinem Inneren und in deinem Herzen fühlst du ganz bestimmt, was richtig oder falsch ist. Du darfst in diesem Moment bereit sein, dich der Verantwortung und der Angst zu stellen. Meine Erfahrung ist, dass diejenigen, die sich Zeit lassen, die sich selbst und den Tieren die Zeit geben, sich zu verabschieden, um mit der ganzen Situation klarzukommen, hinterher nichts mehr infrage stellen. Vor allen Dingen haben sie nicht mit

Schuldvorwürfen zu kämpfen, was dir in jedem Fall deinen inneren Frieden schneller wieder zurückbringt.

Allerdings wurde mir auch schon berichtet, dass Tierärzte mit dem Tierschutz gedroht hätten, wenn die Halter sich nicht zu einer sofortigen Einschläferung bereit erklärt hätten. Wer entscheidet denn, was richtig und was falsch ist? Und wer entscheidet über Leben und Tod? DU musst hinterher mit dem Verlust klarkommen. Ich finde, darüber sollte sich jeder erst einmal Gedanken machen.

Wie aber geht man mit so einer Drohung um? Ich habe lange darüber nachgedacht, was ich in so einer Situation machen würde. Ich würde darauf bestehen, dass ich das Tier mit nach Hause nehme und es auch mein Recht sei. Ich würde dem Tierarzt noch sagen, dass es für mich sehr wohl wichtig ist, den Abschied von meinem Liebling in einem geeigneten Rahmen zu vollziehen, also zu Hause in der bekannten Umgebung und nicht auf einem kalten Behandlungstisch. Ich könnte mir vorstellen, dass sich an dieser Stelle die Meinungen teilen, doch notfalls würde ich eine weitere tierärztliche Meinung einholen. Meistens versuchen die Ärzte dann, von einem qualvollen Tod zu erzählen, was wir uns natürlich für unseren Liebling auch nicht wünschen. Ich denke, man möchte mit solchen Aussagen an unser Gewissen appellieren, doch eigentlich werden wir dadurch manipuliert. Ich persönlich finde diese Vorgehensweise nicht in Ordnung, denn es erweckt den Anschein, man selbst sei nicht mehr fähig, eine eigene Entscheidung zu treffen. Außerdem hat man noch den Eindruck, als wäre das ja alles gar nicht so schlimm. Darum höre bitte auf dein Gefühl, höre auf deine innere Stimme, ganz egal, was Außenstehende zu dir sagen.

Ich berichte dir jetzt zwei ganz unterschiedliche Erlebnisse, die ich in diesem Buch mitteilen darf.

Meerschweinchen »Schweini«:

Vor ein paar Jahren wurde Schweini, eines meiner Meer-schweinchenböckchen, krank. Er magerte stark ab, trotz ständigem Hunger. Ich bin mit ihm in die Tierklinik gefahren, und dort wurde durch eine Blutuntersuchung festgestellt, dass er eine massive Schilddrüsenüberfunktion hatte mit so hohen Werten, dass sie bereits außerhalb der messbaren Skala lagen. Also sehr außergewöhnlich. Ich bin ein paar Wochen später zur Nachuntersuchung gefahren, um zu checken, inwieweit die Medikamente angeschlagen hatten. Dort wurde Wasser in der Lunge festgestellt und gesagt, dass er sofort eingeschläfert werden sollte. Schweini war zu diesem Augenblick noch total fit, mit hellwachen Augen und viel unterwegs. Er war das Meerschweinchen, das mich am Sonntagmorgen neben meinem Bett stehend fiepend aufweckte, weil es Hunger hatte (Schweini durfte in der ganzen Wohnung herumlaufen) und ich war wie gelähmt vor Entsetzen und habe das abgelehnt. Daraufhin wurde mir mit ziemlich deutlichen Worten klargemacht, dass ich sein Leiden verursache und verantwortlich sei, wenn er elendig ersticke, weil das Wasser in den Lungen steige und dass das doch recht unverantwortlich wäre. Meine Frage war dann, ob sie denn Tag und Nacht Bereitschaft hätten, was sie bestätigten. Ich habe ihnen gesagt, dass ich dann kommen werde, wenn ich denke, dass es wirklich nicht mehr geht. Verständnis wurde mir dafür nicht entgegengebracht, obwohl ich sagen muss, dass alle trotzdem höflich blie-

ben. Ich fühlte mich trotz allem so, als sähen mich alle als total verantwortungslose Tierhalterin, obwohl ich doch genau gefühlt habe, dass er noch nicht sterben möchte. Schweini ist dann gute zwei Wochen später in meinen Armen eingeschlafen, na ja, eigentlich ist er eher aus dem Leben gehüpft. Er war auf meinem Schoß, als er plötzlich in die Höhe sprang, und als er wieder landete, war seine Seele nicht mehr im Körper. Er ist also nicht elendig erstickt, sondern hat mit einem freudigen Hüpfer sein Leben beendet. Wir beide haben diese Zeit offensichtlich genossen. Schweini hat in dieser Zeit nicht gelitten, sondern sich von seinem Kollegen und den Katzen und uns langsam verabschiedet, genau so, wie es sein sollte.

Geschichten wie diese gibt es viele. Darum möchte ich immer und immer wieder betonen, wie wichtig es ist, auf die eigenen Gefühle zu hören. Scham und Schuld sollten in solchen Momenten ganz weit weggeschoben werden. Natürlich kann es passieren, dass das Tier dann zu Hause stirbt und man es nicht rechtzeitig in die Klinik schafft, doch was ist an einem natürlichen Tod so schlimm? Wäre es so nicht auch der eigentliche Lauf der Natur, und handeln wir bei den Tieren nicht allzu oft dagegen?

Die nächste Geschichte hat mir eine Klientin erzählt, und sie zeigt ganz deutlich, wie wichtig es ist, auf das eigene Gefühl zu hören.

Hund »Paddy«:

Als mein Hund Paddy mit dreieinhalb Jahren eine Vergif-
tung hatte, wollten meine Tierärztin und auch Menschen
in meinem Umfeld, dass ich meinen Hund einschläfern
lasse. Mein Gefühl sagte mir aber, dass das nicht richtig
war, und so habe ich mich dagegen gewehrt. Mein Paddy
ist 15,5 Jahre alt geworden und ich bin froh und dankbar,
dass ich auf mein eigenes Gefühl gehört habe, obwohl
andere mir immer sagten, dass ich ihn quälen würde.

Du siehst, alles ist möglich und letztlich entscheidet die Seele selbst, wann sie gehen möchte. Wenn du dein Herz öffnest und bereit bist, auf deine Gefühle zu hören, dann kann
das geschehen, was geschehen soll und darf.

Was soll ich tun, wenn mein Tier Schmerzen hat?

Wenn ein Tier Schmerzen hat, dann sollte man etwas dagegen tun. Viele Menschen sind in der heutigen Zeit allerdings gegen Medikamente aus der Schulmedizin und versorgen ihre Tiere auf homöopathische Weise. Ich finde das sehr lobenswert und aus meiner Sicht als Heilpraktikerin halte ich das auch für den besseren Weg. Wenn unsere Tiere sich allerdings merklich und vielleicht auch laut einer Diagnose in einem Sterbeprozess befinden und alternative Methoden nicht mehr anschlagen, sollte man sich überlegen, ob nicht doch lieber ein Schmerzmittel gegeben wird. Die Frage, die ich an dieser Stelle stets beantwortet haben möchte, lautet: Was macht man denn noch falsch? Sofern sich ein Tier schon in einem fortgeschrittenen Krankheitszustand befindet, gibt es nichts, was wir verschlechtern können. Wir dürfen aber den Zustand unseres Lieblings verbessern, auch mit einem Schmerzmittel. Ich möchte allerdings an dieser Stelle unbedingt erwähnen, dass sich menschliche Arzneimittel dazu nicht eigenen. Aspirin kann bei Tieren sogar tödlich wirken. Tiere erzählen sehr oft, dass sie bei großen Schmerzen aus dem Körper treten. Wie aber kann das gehen? Viele von uns verstehen nicht, was damit gemeint ist oder wie wir uns das vorstellen können.

Katze »Lilly«:

Lilly machte ihren Menschen deutlich, was passiert, wenn die Seele aufgrund von Schmerzen den Körper verlässt. Lilly war die Katze meines Neffen Tobias und hatte Mammatumore. Diese Tumore wurden mehrmals operiert, doch sie wuchsen immer wieder nach. Meine Schwester war sehr besorgt um Lilly und wollte ihre Katze auf gar keinen Fall leiden lassen. Sie meinte, die Katze habe es nicht verdient, Schmerzen zu haben. Als Lilly ihr mitteilen ließ, dass sie bei starken Schmerzen aus dem Körper austreten könne, konnte meine Schwester das überhaupt nicht verstehen. Sie sagte stets: »Wie soll das denn gehen?«

Eines Tages rief sie mich an und sagte: »Jetzt verstehe ich, was passiert, wenn eine Seele kurzzeitig den Körper verlässt, und ich weiß jetzt auch, dass es möglich ist.« Sie erzählte mir, dass sie in der vorhergehenden Nacht ein sehr interessantes Erlebnis gehabt hatte. Lillys Angewohnheit war, nachts um Futter zu betteln. So war es auch in jener Nacht, als meine Schwester durch das Miauen der Katze aufgeweckt wurde. Die Katze miaute und miaute, und als meine Schwester das Licht anmachte, stellte sie fest, dass keine Katze da war. Sie war sich aber sicher, dass Lilly vor ihrem Bett gesessen hatte. Darum stand sie auf und ging ins Wohnzimmer, wo Lilly ganz brav in ihrem Bettchen schlief. Für meine Schwester war allerdings klar, dass Lillys Seele sie im Schlafzimmer besucht hatte.

Menschen, die im Hospiz arbeiten, berichten übrigens von ähnlichen Erlebnissen mit sterbenden Menschen. Ich bin fest davon überzeugt, dass das wirklich möglich ist, und wenn man bedenkt, dass sich eine Seele im Sterbeprozess immer wieder aus dem Körper löst und die Abstände des außerkörperlichen Zustandes länger und länger werden, ist das bei Schmerzen sicherlich auch möglich. Vielleicht hegst du Einwände oder hast andere Erfahrungen gemacht mit deinem Tier oder einem dir lieben Menschen. Vielleicht denkst du, dass wir Menschen dann auch so handeln würden, wenn wir starke Schmerzen haben. Wenn wir bereit sind, uns zu öffnen, ist das sicherlich auch möglich, davon bin ich überzeugt.

Ich hoffe, dir wird klar, dass es nicht um verpasste Momente geht. Für mich gibt es eher ein Zu-Früh als ein Zu-Spät, denn sterben werden unsere Tiere auch irgendwann von allein. Manchmal fällt es uns schwer, den Sterbeprozess von geliebten Tieren und Menschen mitzuerleben. Aber wenn ich bedenke, dass der Tod eine Geburt in eine andere Welt ist und Geburten meistens schmerzhaft sind, dann lässt mich das zumindest Hoffnung und Trost finden.

Sollte dein Tier starke Schmerzen haben, dann zögere nicht, und lasse dir von deinem Tierarzt ein Schmerzmittel geben. Du machst an dieser Stelle ganz bestimmt nichts falsch, und glaube mir, du lässt dein Tier auch nicht leiden. Du kannst deinen Liebling auch befragen, ob er ein Mittel braucht und vielleicht ist auch die Homöopathie noch eine Alternative für dich. Suche in diesem Fall einen gut ausgebildeten Homöopathen auf. Höre einfach auf dein Herz, denn es weiß, was zu tun ist, oder mache die »Innere Reise zum Seelenzustand des Tieres« auf S. 38f. Vielleicht hilft dir aber auch das folgende Beispiel:

Jenny, die Hündin einer Klientin, antwortete mir auf die Frage, ob sie etwas gegen ihre Schmerzen brauche, Folgendes:

Nein, ich brauche nichts mehr. Man weiß, dass der Tag des Abschiedes immer näher kommt. Unsere Tage sind jetzt wirklich gezählt, aber es ist okay. Es ist gut und es darf auch so sein. Ich bin noch hier, auch mein Geist ist noch hier, jedoch gibt es Momente, in denen ich mich schon auf der anderen Seite befinde. Ein kleines bisschen wehre ich mich noch, aber ich denke auch, dass ich es jetzt verstanden habe. Ich weiß, dass es kein Zurück mehr gibt. Ich werde loslassen, den Kampf aufgeben. Ich denke, meine Menschen haben langsam verstanden, worum es geht. Es geht nicht darum, jemanden zu retten, sondern zu akzeptieren, was ist. Es ist die Zeit des größten Wachstums, wenn eine Seele geht, und dafür sollten alle dankbar sein. Ich weiß, der Verlust, der körperliche, der seelische Schmerz, all das ist für euch real, ich verstehe das. Aber es ist nur ein Kreislauf, und Sterben ist nicht das Ende. Es geht immer weiter und weiter.

Ich denke, meine Menschen sind auch langsam bereit. Ich fühle, dass diese Tage, die wir intensiv miteinander verbracht haben, sehr viel gebracht haben. Für sie und auch für mich. Aber noch bin ich hier.

Worte wie diese finde ich sehr tröstend. Sie helfen uns, zu verstehen und die Situation auch anzunehmen.

Einschläfern: Ja oder Nein?

Diese Frage ist wohl eine der schwersten, die wir uns im Zusammenhang mit unserem Tierliebling vorstellen können, und das ist auch verständlich, wenn wir uns bewusst machen, dass wir über Leben und Tod entscheiden müssen. Die meisten von uns quälen sich extrem mit der Antwort – ganz logisch –, denn niemand möchte etwas falsch machen. Unser Tier soll bereit sein, aber wir möchten auch nicht zu lange warten, denn zu groß ist die Angst, dass unser bester Freund leidet oder arge Schmerzen hat. Das mit dem Leiden habe ich nun schon oft erzählt und beschrieben, und aus diesem Grund braucht es hier auch keine weitere Erklärung von mir. Falsch oder richtig? Das weiß man nur selbst, und zwar im Herzen. Du wirst es spüren, denn du fühlst es ganz tief in dir. Ich weiß, viele denken jetzt »Nein, ich kann das nicht« oder »Ich spüre aber nichts«. Doch! Auch du kannst es fühlen, allerdings darfst du dich nicht vor deinen Gefühlen verschließen. Deine Traurigkeit und deine Trauer dürfen nicht verdrängt werden. Sie gehören zu diesem Prozess dazu und glaube mir, du musst nicht stark für deinen Liebling sein, denn dein Tier weiß ganz genau, wann seine Zeit für den Abschied gekommen ist.

Mein Engel Felina sagte stets zu mir: »Ich schaffe es auch allein, aber ich weiß nicht, ob du es auch bewältigen wirst.« Wie gut sie mich kannte, denn ich habe es nicht geschafft. Jahre vorher hätte ich nicht gedacht, dass es wirklich möglich wäre, zu fühlen, wenn der Zeitpunkt passt oder richtig ist. Doch genau das ist passiert. Es war Mittwoch, den 7. August 2007, als mein Engel in der Frühe enorme Atemprobleme hatte. Felina atmete sehr laut und stark und blutete leicht aus der Nase. Ich spürte, dass der Körper nun wirklich nachgab. In diesem Moment hatte ich kein Mitleid, sondern ein klares Bild und klare Emotionen. So setzte ich mich auf die Terrasse und schloss meine Augen. Ich sah meinen Engel und dachte an die tödliche Spritze. Mein Herz fühlte sich ganz weit an, und unendliche Liebe, die mich zu überwältigen drohte, überkam mich. Ein Gefühl der absoluten Präsenz, der inneren Ruhe und des Friedens machte sich breit. Hier war keine Abneigung, sondern das Wissen, dass es gut und auch richtig ist, was ich tue. Ich spürte die Bereitschaft meines Engels und meine eigene Bereitschaft zu diesem Schritt. Ich wusste damals und ich weiß es auch heute, dass meine Felina auch ohne die Hilfe meiner Tierärztin an diesem Tag ihre Reise angetreten hätte, doch für sie und auch für mich war es genau so, wie es war, richtig.

Bei einem Vortrag hat mich einmal eine Frau gefragt, ob ich es denn mit meiner jetzigen Erfahrung wieder so machen würde, oder ob ich Felina dieses Mal allein gehen lassen würde. Ich sagte damals, dass ich nichts bedaure oder falsch empfinde, und wenn dieses Gefühl wieder in mir wäre, würde ich sicherlich auch wieder so handeln. Vielleicht wäre ich aber jetzt auch bereit, bis zum Ende zu warten. Ich denke, man kann das nicht verallgemeinern, denn jeder Abschied ist einfach anders.

Nachdem also meine Tierärztin gekommen war, ging alles sehr schnell. Sie gab mir ein Schlafmittel, das ich meiner Hündin in den Mund gab. Felina lief noch einmal im Kreis und machte es sich dann auf einer Decke im Carport bequem. Den ganzen Sommer über war das ihr Lieblingsort gewesen, weil dort stets ein leichter Luftzug zu fühlen war. Als sie neben mir zusammengebrochen war und den Kopf auf meinen Schoß gelegt hatte, kam meine Tierärztin dazu. Sie spritzte ihr ein Mittel in die Vene und wenige Sekunden später hörte ihr Herz auf, zu schlagen. Ohne Felina war das Leben, so wie ich es kannte, vorbei. Doch ganz laut hörte ich neben mir die Stimme meiner Felina, die sagte: »Ich bin nicht weg, ich bin noch da.«

Ich kann gar nicht beschreiben, wie beruhigend diese Worte für mich waren. Natürlich fehlte mein Engel auf der Körperebene, und das tut er auch heute noch, doch ich bin ihr immer noch nah.

Die Bereitschaft loszulassen – und damit meine ich die wahre Bereitschaft tief im Inneren –muss vorhanden sein, damit ein Tier friedlich einschlafen kann. Da hilft es gar nichts, wenn man versucht, sich einzureden, dass man den Liebling ziehen lassen kann, wenn es so weit ist. Wir sind erst dann wirklich bereit, wenn wir den Tod und die Entscheidung unseres Tieres, diese Welt zu verlassen, akzeptieren und somit unseren Frieden finden.

Im November vergangenen Jahres hat mich eine Klientin kontaktiert. Völlig aufgelöst hat sie mir erzählt, dass ihre Hündin sterben müsse, weil sie einen Milztumor habe. Sie seien wegen einer Routineuntersuchung zum Tierarzt gegangen und hätten überhaupt nicht mit so einer Diagnose gerechnet. Der Tierarzt habe ihr geraten, das Tier einschläfern zu lassen. Da die Hündin aber noch munter war und auch fraß, konnte sie diese Entscheidung nicht treffen.

Nachdem ich mit der Hündin Kontakt aufgenommen hatte, erzählte sie mir, dass sie und auch ihre Menschen überhaupt noch nicht dazu bereit seien, diesen Schritt zu gehen. Sie würde noch eine Weile bleiben, damit sich alle mit dieser Situation auseinandersetzen könnten. Sie wünschte sich, dass alle Menschen, die ihr wichtig waren, kamen, um sich von ihr zu verabschieden. Sie wollte jeden Tag den Wald genießen, und frisches Hühnchen essen. Die Hündin wünschte sich, dass die Menschen so viel Zeit wie möglich mit ihr verbrachten, mit der Gewissheit, dass diese nur noch kurz sein würde. Ich und auch die Klientin hatten das Gefühl, dass ihr Liebling zu Weihnachten noch auf der Erde sein würde, was dann auch wirklich so war. Anfang des neuen Jahres starb die Hündin mithilfe der Spritze friedlich in den Armen ihrer Menschenfreunde.

Solche Erfahrungen berühren mich tief in meinem Herzen, weil ich fühlen kann, dass es genau so richtig ist, und ich freute mich für die Menschen, dass sie ihren Weg gegangen sind, auf ihr Gefühl gehört und eigene Entscheidungen getroffen haben.

Manchmal, so denke ich, sind wir versucht, unsere eigenen Gefühle in den Vordergrund zu stellen, denn viele fühlen sich mit der Situation eines kranken, sterbenden Tieres absolut überfordert, und der Gang zum Tierarzt mit der einhergehenden Erlösung des Lieblings bringt in diesem Fall auch die Erlösung für einen selbst. Das mag sich an dieser Stelle sehr hart anhören, aber für mich ist dieses Verhalten ein Weglaufen vor der Situation. Dazu gehört es, unangenehmen Dingen aus dem Weg zu gehen und dem Hund, der Katze oder dem Pferd nicht dabei zuzusehen, wie der Körper verfällt, die Augen jeglichen Glanz verlieren und jede

Bewegung anstrengend wird. Doch wer sagt, dass das nicht richtig und wichtig für den Prozess des Sterbens ist? Und sogar für uns?

Die Entscheidung, ob man die Todesspritze setzt oder nicht, ist auch für Menschen, die ihre Augen vor unangenehmen Dingen verschließen, sicherlich nicht einfach. Und so handeln manche nicht aus dem Gefühl heraus, dass sie es selbst als richtig empfinden, sondern, weil sie den Zustand ihres Tieres nicht mehr ertragen. Es macht sie fertig, ihren Liebling so zu sehen.

Ich weiß, dass es schlimm ist, und ich kann dem nur zustimmen. Ich weiß, wie es ist, wenn du tagelang zwischen Hoffen und Bangen hin- und herschwankst. Ich weiß, wie es ist, wenn die Atmung schwer wird und die Bewegungen langsam und behäbig werden. Ich weiß, wie es ist, wenn man sich ständig die Frage stellt: »Ist das richtig? Halte ich meinen Liebling fest? Bin ich egoistisch? Leidet mein Liebling vielleicht doch?« Ich kenne all diese Fragen, und ich weiß auch, wie kräftezehrend dieser Zustand für alle Beteiligten ist. Nicht nur für das Tier, sondern auch für die Menschen im Umfeld. Es ist der emotionale Stress, der uns hier sehr zu schaffen macht. Ich sage dir: »Es ist und es wird nicht einfach, doch es gehört meines Erachtens dazu.«

Ich bewundere all jene, die den Weg bis zum Schluss mit ihren Lieblingen mitgehen, die den Mut haben, lange zu warten, bis sie ihre eigene Entscheidung getroffen haben, auch wenn es am Ende die erlösende Spritze ist. Meiner Erfahrung nach wird der Abschied umso einfacher, je länger man wartet. Doch es sei an dieser Stelle erwähnt, dass das alles meine persönlichen Erlebnisse sind. Vielleicht hast du ganz andere Erfahrungen gemacht. Ich möchte dich von nichts überzeugen, sondern dir andere Wege aufzeigen, andere Sichtweisen nahelegen und dir damit Mut zusprechen. So erhältst du vielleicht die Kraft, nur das zu tun, was sich für dich stimmig anfühlt und gegebenenfalls zu deinem Umfeld auch einmal Nein zu sagen. Ich glaube, wir sind das unseren Lieblingen schuldig. In diesem Zusammenhang möchte ich die Geschichte meiner Freundin Conny erzählen, die auch lieber den kurzen Weg gewählt hätte, weil sie den Zustand ihrer geliebten Katze nicht mehr ertragen konnte.

Katze »Cindy«:

Unsere Katze Cindy lebte schon lange bei uns. Sie war eine schwarze Katze im stolzen Alter von 18 Jahren. Cindy war eine Hauskatze und die erklärte Königin in unserem Haushalt. Ihre Beziehung zu meinem Mann Martin war sehr eng und innig. Mit 15 Jahren wurde bei ihr eine beginnende Niereninsuffizienz diagnostiziert, womit Cindy in den folgenden Jahren dank Diätfutter und verschiedener alternativer Heilmethoden jedoch sehr gut zurechtkam. Es gab jedoch immer wieder Phasen, in denen sie etwas schlapp war, viel schlief und auch sonst ihre Ruhe haben wollte. Anlässlich solch einer Phase habe ich Beate gebeten, mit Cindy über ihre Wünsche zu sprechen. Es war klar, dass sich Cindy langsam auf das Sterben vorbereitete. Sie wollte jedoch nur in ihrem Zuhause bleiben und all die Zuwendung genießen. Schon bei diesem Gespräch im Januar 2012 meinte Beate, sie würde die Weihnachtszeit als Zeitpunkt des Sterbens erfühlen. Cindy erholte sich aber wieder, und wie es so ist, glaubte man, sie würde ewig leben.

Im Herbst 2013 zeigte sich unterhalb des Kinns eine Schwellung. Diese verschwand jedoch wieder. Schon zu diesem Zeitpunkt hätte ich Cindy gern zum Tierarzt gebracht und sie detailliert untersuchen lassen. Doch Cindy hat keinem Tierarzt vertraut und sich bei Untersuchungen extrem aufgeregt. Sie war dann völlig außer sich vor Panik. Also, was tun? Eine mittlerweile 18-jährige Katze gegen ihren ausdrücklichen Willen zum Arzt bringen? Wir entschieden uns damals schon für Nein, darauf vertrauend, dass schon alles gut gehen würde. Die Schwellungen im Kinnbereich kamen und gingen. Sie wurden dann jedoch schlimmer und erfassten auch den Unterkiefer. Cindy magerte ab und schlief viel. In all der Zeit stellte ich mir die Frage: Tierarzt oder nicht? Martin dagegen war ganz klar: »Cindy will nicht zum Tierarzt, sie will in Ruhe und Würde zu Hause sterben.« Cindy dankte es uns, indem sie bis zum Schluss gefressen hat. Sie hat sich sogar füttern lassen. Sie legte sich dann bei mir oder bei meinem Mann auf den Schoß und war zufrieden. Sie strahlte so viel Ruhe aus. Trotzdem – unsere Katze so zu sehen, war besonders für mich sehr schwierig. Dazu kam das Wissen um ihr baldiges Sterben. »Wie kann ich damit umgehen, wenn sie anfängt zu schreien? Wenn sie keine Luft mehr bekommt?« Gerade ich – die ich selbst Tierkommunikatorin bin – kam ins Zweifeln. Ich weiß auch, wie ich meinen Mann dermaßen in die Mangel genommen habe, dass der Tierarzt jetzt das Richtige wäre, denn ICH konnte den körperlichen Verfall von Cindy nur schwer aushalten und wollte sie erlösen. Doch mein Mann sagte immer wieder: »NEIN! Der Tierarzt bringt Cindy um, sie kann allein gehen und will das auch so.« In den letzten Tagen konnte man Cindys Dankbarkeit fühlen. Sie lag oft

*nur so da, ganz ruhig und gelassen. Ich habe die Essenz
»Delfin« versprüht. Daraufhin hat sie sich neugierig um-
geschaut und alles war irgendwie leicht und gut.*

*Als ich dann an einem Samstag nach Hause kam, lag
Martin schon mit Cindy im Schlafzimmer – das Ende war
da. Aber Cindy hatte noch auf mich gewartet. Sie erholte
sich etwas und atmete ganz ruhig. Wir machten Kerzen
an und legten Engelsmusik auf. Der Tod war so nahe und
doch war die Situation überhaupt nicht furchtbar. Diese
Ruhe und diese Gelassenheit, die von Cindy ausging, war
unheimlich tröstlich. Unsere geliebte Katze fand ihren
Weg ins Regenbogenland mit Ruhe und Würde im Kreise ihrer Familie. Wir spielten das Lied »Kyrie« von der
CD »Angels Love You« von Michaela Merten: »I take you
home, I take you home – Kyrie«. Dann setzten wir dazu
die Tieressenz »Orca« ein (Erklärung s. Kapitel »Die fünf
Sterbephasen«, S. 85-92) ... und Cindy glitt hinüber ins
Regenbogenland. Sie hörte einfach auf zu atmen. Das
war am 11. Januar 2014.*

*Am nächsten Tag las ich nochmals all die Gespräche,
die mit Cindy geführt worden waren und in ALLEN wollte
Cindy zu Hause sterben. Und ich hatte tatsächlich daran
gezweifelt.*

Im Nachhinein bin ich zutiefst dankbar für diese Erfahrung!

Hier siehst du, was passiert, wenn man im Vertrauen bleibt
und wie das Ende eines geliebten Tieres ohne den Tierarzt
aussehen kann. Ich denke, dass es meistens an uns liegt, weil
wir denken, unser Tier leidet, hat Schmerzen und so kommt
es, dass dieser schmerzliche Verfall unser Herz beschwert.
Es ist nicht einfach, zuzusehen, aber es kann wunderbar er-
füllend sein, wenn man diesen Weg geht.

Ich möchte an dieser Stelle kurz meine verstorbene Felina zitieren:

»Wenn ihr die Kraft findet und das Leben mit all seinen Perioden versteht, wird auch der Tod für euch nichts Fürchterliches mehr sein. Manchmal nehmt ihr ihn vielleicht zu ernst, zu schwer. Anstatt euch zu freuen, dass man nach Hause darf, dorthin, wo die Seele frei ist von all dem irdischen Druck, setzt ihr euch mit körperlichen Belangen auseinander, die vielleicht überhaupt keine Rolle mehr spielen. Seid da für eure Freunde oder eure Freundinnen, nehmt an ihrer Seite Platz, lasst sie nicht allein, sofern sie es sich nicht wünschen, und dann begleitet sie mit dem Einzigen, was zählt – mit LIEBE. Ich verspreche euch, ihr werdet wachsen und erkennen, und wenn ihr es zulasst, auch tiefen inneren Frieden finden.«

Solche Worte anzunehmen, wenn man sich selbst in so einem Prozess befindet, ist natürlich nicht leicht. Wir sind – wie soll ich sagen – einfach immer noch Menschen, die hier auf der Erde mit allem zurechtkommen müssen. Auch mit unseren Gefühlen.

Ich denke, in manchen dieser Situationen übernimmt auch unser inneres Kind die Oberhand, das den Zustand des »Leidens« nicht mehr ertragen kann. Wir handeln nicht wie Erwachsene, sondern wie ein alleingelassenes Kind. Für den ein oder anderen mag es zu weit hergeholt sein, dem anderen sagt das vielleicht nichts. Sich mit dieser Thematik aber eingehender zu beschäftigen, würde ein eigenes Buch füllen. Sollte es dich dennoch interessieren, dann kann ich dir an dieser Stelle die Bücher von Susanne Hühn zu diesem Thema empfehlen.

Solltest du dich aber irgendwann für das Einschläfern entscheiden, bitte ich dich an dieser Stelle aus tiefstem Herzen: Hasse dich nicht dafür. Du bist mutig, denn du triffst eine endgültige Entscheidung. Allein durch die Verantwortung, die du jetzt trägst, erhältst du meinen ganzen Respekt. Ich verneige mich vor dir, denn ich weiß, dass es dir nicht leichtfällt und deine Gefühle sich trotz allem überschlagen.

Meine Hilfe für dich: Tue es nur, wenn du es innerlich als richtig empfindest. Wenn dein Herz Ja sagt und du fühlst, dass es auch für dein Tier in Ordnung ist. An dieser Stelle sei allerdings erwähnt: Wenn mehrere Menschen mit einem Tier leben, sollten dieses Gefühl und die Zustimmung bei allen Beteiligten vorhanden sein. Auch für Kinder ist dieser Prozess sehr wichtig, und sie sollten in alle Rituale und Entscheidungen mit einbezogen werden.

Tue es nur, wenn es deine eigene Entscheidung ist, egal, was Außenstehende zu dir sagen.
Schaue, dass dein Tierarzt zu dir nach Hause kommt, denn in einer Tierarztpraxis ist die Atmosphäre immer unpersönlich und oftmals auch hektisch.

Sorge für eine ruhige Atmosphäre, lasse beruhigende Musik laufen, zünde Kerzen an, und unterstütze den Prozess mit Duftölen oder den Tieressenzen. Tieressenzen sind Aurasprays, die man in den Raum und in die Aura aller Beteiligten sprüht. Nähere Informationen dazu findest du im Kapitel »Die fünf Sterbephasen«, S. 85-92.

Lasse dir ein Schlafmittel/Narkosemittel für dein Tier geben, sodass es schon schläft, bevor der Tierarzt kommt.

Verzichte auf die Herz- oder Lungenspritze (sie sollte eigentlich nicht mehr verwendet werden), da sie umstritten ist, und wenn du noch Zeit hast, informiere dich vorher gut über das Thema. Weiterführende Links findest du im Anhang unter »Nützliche Links«, S. 170.

Nutze all die Möglichkeiten, die ich dir in diesem Buch zur Verfügung stelle und du wirst sehen, wie dir so manches leichter fallen wird.

Der richtige Zeitpunkt

Werde ich wissen, wann der richtige Zeitpunkt ist? Wenn wir mal ehrlich sind, dann gibt es den richtigen Zeitpunkt nicht wirklich, denn wer von uns wünscht sich nicht, sein ganzes Leben mit seinem Tierfreund zu verbringen? Es ist eine der schwersten Fragen, und beantworten kann sie jeder nur für sich. Ich weiß nicht, wann der richtige Zeitpunkt für dein Tier ist, aber ich denke, ich weiß, wann der richtige Zeitpunkt für mein Tier ist. Nämlich dann, wenn mein Herz Ja sagt und ich die Bereitschaft aller Beteiligten fühle. Die Bereitschaft meines Tieres, meiner Familie und meine eigene.

Wie aber kann man Hilfe für sich finden, wenn man sich nicht, so wie ich, tagein, tagaus mit diesen Themen beschäftigt und die Antworten in seinem Inneren schon kennt?

Es gibt sicherlich einige Methoden und Möglichkeiten, die es jedem von uns ermöglichen, seine eigene Antwort zu finden. Dazu ist in erster Linie nur eines nötig: die eigene Bereitschaft, Emotionen anzuerkennen, sie anzunehmen und das Herz dafür zu öffnen, auch wenn es wehtut. Und glaube mir: Es wird schmerzhaft sein, weil der Tod etwas Endgültiges ist, nichts, was man wieder rückgängig machen könnte. Trotzdem gibt es verschiedene Hilfestellungen, die man ausprobieren kann, um so für sich seine eigene Entscheidung oder Antwort zu finden.

Systemische Steinchenmethode

Ich nenne sie Steinchenmethode, weil ich immer Heilsteine benutze, wenn ich die systemische Arbeit in mein Wirken mit einfließen lasse. Es ist eine abgewandelte Methode aus dem Familienstellen:

Das Familienstellen ist eine Methode, bei der stellvertretend Personen für die Familienmitglieder des Klienten aufgestellt werden. Diese Stellvertreter spüren Emotionen der einzelnen Mitglieder, sodass Muster im Familiensystem erkannt und behoben werden können.

Man kann die systemische Arbeit auch mit Tieren machen, ebenso wie mit Situationen oder Emotionen. Wenn du nun also wissen möchtest, was dein Tier sich wünscht oder empfindet, dann nimm einen Stein, der dein Tier symbolisiert. Fühle dich völlig in die Energie des Tieres ein. Du wirst sofort Emotionen deines Tieres spüren können. Nimm nun einen Stein für den Tod – du kannst ihn auch Regenbogenland nennen – und einen für das Leben. Ordne sie gegenüber dem Stein an, der dein Tier repräsentiert, sodass ein Dreieck entsteht.

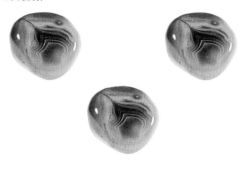

Wohin zieht es dich jetzt als Tier? Fühlst du dich gut, wenn du den Tod/Regenbogenland anschaust, oder fühlst du einen Druck in dir? Wie ist es mit dem Leben? Wende dich jetzt diesem Stein zu, und fühle, was in dir für Emotionen aufkommen. Glück, Freude oder Schwere und Druck? Zu welchem Stein fühlst du dich mehr hingezogen, wem wendest du dich zu?

Sollte der Stein des Todes/Regenbogenlandes derjenige sein, der ein gutes Gefühl in dir hervorruft, dann weißt du, dass es an der Zeit ist, Lebewohl zu sagen. Trotzdem darf das in deinem Tempo geschehen. Auf einen Tag mehr kommt es nicht an. Du hast trotzdem noch Zeit.

Wenn du dich mit dem Stein des Lebens besser fühlst, dann ist das deine Antwort. Glaube mir, du kannst diesen Vorgang nicht mit deinen Wünschen beeinflussen, diese Methode ist immer wirksam.

Eine weitere Methode, die dir bei deiner Suche nach dem richtigen Zeitpunkt helfen kann, ist die Zettelmethode. Ich verwende diese sehr gern, wenn ich unschlüssig bin und nicht weiß, was ich tun soll.

Zettelmethode

Für diese Methode benötigst du zwei Zettel. Schreibe auf den einen Zettel »Regenbogenland« und auf den anderen »Leben«. Drehe die Zettel jetzt um, und mische sie hinter deinem Rücken. Mache das so lange, bis keine Zuordnung deinerseits mehr möglich ist. Lege sie dann mit der Schrift nach unten auf den Boden. Atme nun ein paar Mal tief ein und aus, und spüre, wie du ganz zu dir kommst. Jetzt stelle dir innerlich die Frage: »Was wünscht sich mein(e) (Name des Tieres)?« Tritt jetzt auf den ersten Zettel. Was geht in diesem Moment in deinem Körper vor? Was fühlst du? Sackst du zusammen, oder fühlst du dich gut? Stehst du gerade oder verspürst du Druck im Bauch? Empfindest du inneren Frieden, Ruhe und Liebe? Oder ist dir übel? Gehe jetzt vom Zettel runter, und stelle dich dann auf den nächsten. Auf welchem Zettel fühlst du dich besser? Drehe diesen Zettel nun um und schaue dir die Antwort an. Versuche, deine Wahl für dich anzunehmen und dich damit auseinanderzusetzen.

Eine weitere Übung ist, innerlich zu fühlen und zu spüren. Diese Methode habe ich angewandt, als ich mich für die Erlösungsspritze für meine Felina entschieden habe.

Übung: Antwort zum Einschläfern finden

Mache es dir bequem. Schließe deine Augen, und atme mehrmals tief ein und wieder aus. Löse mit jedem Einatmen die Spannung in deinem Körper und komme mehr und mehr bei dir an. Richte deine Aufmerksamkeit jetzt in dein Herz. Du spürst, wie es schlägt, und bist dir deiner ganzen Präsenz bewusst. Denke jetzt an die Erlösungsspritze. Welches Gefühl nimmst du jetzt wahr? Ist es ein Gefühl der Liebe, des inneren Friedens, des Angekommensein, oder hast du ein schlechtes Gefühl? Fühlst du dich gut dabei, eher glücklich (ich weiß, das hört sich absurd an, aber es kann durchaus geschehen), oder spürst du einen erheblichen Druck? Je nachdem, was du empfindest und fühlst – genau so sollte deine Entscheidung sein.

Viele denken, solche Übungen seien in schlimmen Prozessen nicht durchführbar, doch ich sage dir, weil ich es weiß:

Es funktioniert! Vielleicht lässt du dir die Übung auch vorlesen, sodass du dich ganz bewusst deinem Gefühl hingeben kannst und dich nicht auf einen Ablauf konzentrieren musst. Sollte es nicht funktionieren, liegt es vielleicht nur an deiner Angst vor dem, was du empfinden könntest. Doch weißt du, du bist nicht allein, und in solchen Momenten gibt es ganz viele besondere Menschen und auch geistige Helfer, die dich und dein Tier unterstützen können. Dein Liebling liebt dich deswegen noch viel, viel mehr. Du bist mutig, und ich fühle mit dir, denn ich kann deinen Schmerz und deine Ängste förmlich spüren. Ich weiß, wie du dich fühlst, denn ich habe es schon oft erlebt. Und solange man geliebte Wesen an seiner Seite hat, wird es auch immer und immer wieder passieren, bis wir selbst einmal diesen Weg gehen.

Der plötzliche Tod

Nicht immer haben wir aber die Möglichkeit, uns auf einen Abschied vorzubereiten. In solchen Situationen erkennt man sehr schnell, dass das Leben nicht kontrollierbar und vorhersehbar ist. Wir gehen in der Regel davon aus, im hohen Alter zu sterben. Meistens geht eine Krankheit oder der sichtbare körperliche Verfall voraus. Leider ist das nicht immer so, und ich weiß heute aus eigener Erfahrung, dass die Frage »Warum?« hier eine zentrale Rolle spielt.

»Warum ist das passiert?«
»Hätte ich es verhindern können?«
»Wenn ich der Operation nicht zugestimmt hätte, dann wäre mein Schatz noch auf der Erde.«

Ja, mit all diesen Fragen quälen wir uns. Wir stellen sie immer und immer wieder, doch eine Antwort bleibt uns meist verwehrt. Zumindest wenn wir nicht mental mit Tieren kommunizieren können. In der Regel gibt es für alles eine Erklärung und eine Antwort, doch nicht immer geben wir uns damit zufrieden. Manchmal hören die Fragen in unserem Kopf trotzdem nicht auf, weil wir es nicht verstehen und nicht annehmen können.

Heute vor einem Jahr ist mir das selbst passiert. Es war zwar kein Tier, das sich verabschiedet hat, sondern mein Bruder, der ganz unverhofft verstarb. Er ist einfach umgefallen und war tot. Sein Herz und sein Kreislauf haben von jetzt auf gleich versagt. Die genaue Ursache konnte aber nicht bestimmt werden. Warum hat er sich das so ausgesucht? Vielleicht, weil er eine Krankheit in sich trug und diese nicht durchleben wollte? Vielleicht, weil er Angst vor dem langsamen Sterben hatte und diese Art und Weise vorgezogen hatte? Vielleicht, weil er sich sagte, alles, was ich erleben musste und wollte, habe ich erlebt? Eine dieser Antworten wird für ihn – und damit meine ich für seine Seele – die richtige gewesen sein, doch was ist mit uns? Mit jenen, die zurückbleiben? Ja, wir können versuchen, zu verstehen, was seine Seele wollte und eine Antwort für uns finden, die tröstend und kraftspendend ist. Vielleicht sagt der ein oder andere an dieser Stelle, dass ein solches Vorgehen nur ein »Schönreden« sei. Und wenn schon – wenn es dir hilft? Denn das Gefühlschaos, das so ein plötzlicher Tod hinterlässt, kann nur ein Mensch, der das schon selbst in seinem Umfeld erlebt hat, wirklich nachempfinden. Es ist in jedem Fall ganz anders, als wenn man sich innerlich auf den Verlust einstellen kann und die Zeit hat, sich mit der unwiderruflichen Tatsache auseinanderzusetzen. Du hast in solch einem Fall nicht die Möglichkeit, zu fühlen, ob du bereit bist oder dein Tier es ist oder auch nicht. Es ist einfach so!

Es gibt verschiedene Gründe für einen plötzlichen Tod. Das kann zum einen die Operation sein, die ein Tier nicht überlebt, weil ohne Vorzeichen alle Organe versagen. Hier stellt sich natürlich hinterher die Frage: »War die Operation notwendig?«

Der Liebling kann auch durch ein Auto oder ein anderes Tier getötet werden oder einfach umfallen, weil das Herz versagt. Vielleicht hat er aber auch etwas Vergiftetes gefressen oder wurde durch die Hände eines Menschen getötet. Egal, welche Umstände zum plötzlichen Tod führen, die Fragen bleiben. Ich glaube, hierauf eine Antwort zu bekommen, ist der erste Schritt zur Heilung.

Während ich dieses Kapitel schreibe, frage ich Menschen, wer einen plötzlichen Tod erlebt hat. Es sind so viele. Da ist Jamy, der Seelenhund von Melanie, der beim Gassi gehen mit ihrem damaligen Freund im Alter von elfeinhalb Jahren einfach umgefallen ist und tot war. Weil sie arbeiten musste, war sie nicht dabei und konnte sich nicht von ihrem Jamy verabschieden. Jeden Tag, bevor sie zur Arbeit ging, hat sie sich mit den Worten »und warte auf mich« von ihrem Hund verabschiedet, doch er hat nicht auf sie gewartet. Sie glaubt, dass er ihr diese schwere Last ersparen wollte und außerdem, dass diese Art zu sterben die beste ist, da man sich auf den Tod nicht vorbereiten kann.

> Katze »Penny«:
> Meine Katze Penny ist überfahren worden. Es war schrecklich, und ich habe drei Wochen lang jeden Tag geweint, weil ich sie so vermisste. Es ist immer schlimm, ein Tier zu verlieren, und ich leide immer sehr, aber das schlimmste an diesem Unfall war, dass ich mich nicht mehr von Penny verabschieden konnte. Meine erste Katze, Biene, musste ich einschläfern lassen. Und meine dritte Katze, Jenny, ist nach kurzer Krankheit in meinen Armen verstorben. Beide Erlebnisse waren schrecklich, aber ich durfte in den letzten Momenten ihres Lebens bei meinen Tieren sein und sie begleiten. Meine kleine Penny war ganz allein, als sie starb.

Als ich diesen Bericht gelesen hatte, war mir klar, dass die Frage, ob der Sterbende im entscheidenden Moment alleine ist, für uns eine zentrale Bedeutung hat. Das trifft im Besonderen zu, wenn es sich um einen plötzlichen Tod handelt. Ich denke, in solchen Fällen entwickeln wir unbewusst Schuldgefühle und vielleicht sind sie auch eine Art Hilfe, mit der Situation fertig zu werden. Die Frage, ob es wirklich so schlimm ist, allein zu gehen, stelle ich hier einfach mal in den Raum. Für uns Hinterbliebene ist der Umgang mit derartigen Todesfällen aber trotzdem nicht einfach.

Übung: »Wenn dein Tier plötzlich verstorben ist«

Wenn du schon einmal jemanden plötzlich verloren hast und nicht die Möglichkeit hattest, dich zu verabschieden, kannst du diese Übung trotzdem jederzeit durchführen.

Nimm dir einen Zettel zur Hand, und schreibe einen persönlichen Brief an dein Tier. Bringe all deine Gefühle zu Papier – alles, was dich belastet und was du deinem Tierfreund noch sagen möchtest. Hole dir, sobald du fertig bist, ein weiteres Blatt und schreibe nun einen Brief an dich. Lasse einfach alles fließen, und notiere alles, was dir in den Sinn kommt.

Ich bin fest davon überzeugt, dass jede Seele für sich entscheiden kann, ob sie leben möchte oder nicht. Es ist aber erstaunlich und interessant, dass ich nicht die Einzige bin, die diese Überzeugung vertritt. In vielen Büchern, zum Beispiel »Zuhause in Gott« von Neal Donald Walsch, konnte ich diese Denkweise bestätigt bekommen.

Mir erzählen die Tiere immer wieder, dass sie es seien, die entscheiden und dass das auch der Grund sei, warum die einen eine Krankheit überleben und die anderen an der gleichen Krankheit sterben. Vielleicht denkst du jetzt, dass das völliger Quatsch sei und dass dein Tier dir das niemals antun würde. Stelle dir aber einmal Folgendes vor: Du hast ein lebenslustiges Tier, das ständig springen und hüpfen muss, das Leben total genießt, und dann wird es operiert. Während des Eingriffs sieht die Tierseele, was passiert, wenn es aus der Narkose erwacht: Es wird nicht mehr richtig springen und hüpfen können, weil Nerven verletzt wurden, die so ein Leben nicht mehr zulassen würden. Es sieht vielleicht noch, wie du dich quälst, deine Finanzen überstrapazierst, weil du alles versuchst, um deinem Tier seine Freude und sein Leben zurückzugeben. Aber du kannst es nicht, weil es nicht in deiner Hand liegt. So entscheidet sich die Seele, an dieser Stelle zu gehen. Zu weit hergeholt? Vielleicht. Vielleicht aber auch nicht.

James Van Praagh, der Autor des Buches »Heilende Trauer«, hat genau diese Thematik, dass die Seele selbst entscheidet, wann sie gehen will, auf einem Vortrag zur Sprache gebracht. Ganz empört hat sich eine Frau gemeldet, die ihren jungen Sohn bei einem Autounfall verloren hatte. Sie meinte: »Er hätte uns niemals mit Absicht so verletzt.« James bekam Kontakt zu dem Jungen, der folgende Botschaft für seine Mutter hatte: »Wenn ich geblieben wäre, hätte ich mein Leben im Bett verbracht. Ich wäre ein Pflegefall gewesen. Meine Eltern hätten sich getrennt und meine Mutter wäre als einsame, verbitterte Frau gestorben. Ich habe aber auch gesehen, was passiert, wenn ich gehe. Meine Eltern wären sehr traurig, aber mein Tod würde ihr Band noch verstärken, und sie würden wieder glücklich sein, gemeinsam und zusammen. Darum habe ich mich entschieden, zu gehen.«

Alles ist möglich. Ja, ich glaube, dass jede Seele, egal ob Tier oder Mensch, über seinen Tod selbst entscheidet.

Abschied

Wie kann ich meinen Liebling auf seinem Weg unterstützen?

Das Wichtigste vorweg: Sei einfach da! Manche Tiere suchen allerdings auch Ruhe und ziehen sich immer mal wieder von ihren Menschen zurück. Das hat nichts mit mangelnder Liebe zu tun, sondern einfach damit, dass sich auch unsere Wegbegleiter auf ihren Weggang vorbereiten müssen. Ich nehme das sehr bewusst wahr, wenn ich mit euren Lieblingen spreche und sie mir sagen, dass sie sich auf den Weg begeben. In diesen Gesprächen fühle ich ganz oft, dass es auch unseren tierischen Mitbewohnern nicht immer leichtfällt, zu akzeptieren und loszulassen. Alles braucht einfach Zeit, und auch wir sollten unseren Tieren die Zeit geben, die sie brauchen. Ganz oft habe ich schon beobachtet, dass wir denken, das Leben unseres Tieres sei nicht mehr lebenswert, weil dieses nicht mehr springt oder Freude am Leben zeigt. Ich selbst mache mir darüber auch meine Gedanken, doch im Frühjahr dieses Jahres hat mir Balou, ein Beagle-Mix-Rüde, dazu eine wundervolle Antwort gegeben.

Auf die Frage seiner Freundin Nina, ob das Leben noch Freude für ihn bereithält:

 Mein Engel, das Leben zeigt sich in vielen verschiedenen Facetten. Jeder Augenblick zeigt eine andere Facette. Es gibt Zeiten der Freude, des Spaßes, des Tobens und des absoluten Übermutes, eben weil man

jung und gesund ist, weil man sich fit und frisch fühlt. Dann kommt der Abschnitt, der uns dazu führt, den Übergang vorzubereiten. Er ist wichtig, weil sich die Seele aus dem Körper lösen muss, soll und darf. Das ist wichtig. In solchen Momenten steht die Freude nicht mehr im Vordergrund, sondern die Bereitschaft, loszulassen, und das Gefühl, dass alles gut ist, wenn man geht, dass es einfach für alle in Ordnung ist. Darum ist Freude vielleicht nicht der richtige Ausdruck für mich. Ich empfinde Frieden, und das ist es, was in diesem Lebensabschnitt wichtig ist.

Ich habe nicht das Gefühl, als hätte ich noch etwas nachzuholen, ich habe nicht das Gefühl, als würde ich etwas vermissen. Ich gebe mich hin. So wie ihr auch.

Ich bin stolz auf euch, vor allem auf dich, mein Engel. Ich weiß, wie tief unsere Verbundenheit ist und wie schwer dir das alles fällt, aber ich habe dich ganz sachte hierhergeführt. Du bist unheimlich gewachsen in deinem Sein. Du bist in die Sache hineingewachsen, doch jetzt handle nicht aus Furcht, sondern folge immer deinem Gefühl. Ich sage dir, ich schaffe es auch allein, zu gehen. Nicht heute und nicht morgen, ein bisschen bleibe ich noch da, aber ich bin nicht sicher, ob du es überstehst, meinem körperlichen Verfall

weiter zuzusehen. Lasse dich nicht von Außenstehenden beirren, sondern höre weiterhin auf dein Herz. Bis jetzt hast du es gut gemacht, hast dich führen lassen, hast nicht gezweifelt. Bleibe in dieser Energie. Ich selbst? Ich vertraue dir, und alles, was du für mich entscheidest, ist in Ordnung für mich. Aber wie gesagt, höre hier nur auf dein Herz.

Abschied, es ist ein schweres Wort, es birgt so viel negative Energie, denn im Grunde stimmt es nicht. Ich verabschiede mich nicht von dir, denn ich werde weiterhin um dich sein, werde bei dir sein und dich auch weiterhin unterstützen. Nur das Küssen geht in diesem körperlosen Zustand nicht mehr, was ich ehrlich gesagt auch schade finde. Aber es ist so, und unsere Herzen schwingen auch weiterhin im Takt der Liebe.

Du siehst, jetzt, da sich dein Tier auf den Weg macht, sind andere Dinge wichtig und auch richtig. Unsere Haustiere wünschen sich von uns, dass wir für sie da sind, und sie unterstützen. Um den Prozess des Sterbens zu erklären, werde ich dir zuerst die einzelnen Sterbephasen nahebringen und dir Hilfsmittel an die Hand geben, die dich und auch deinen Liebling unterstützen können.

Die fünf Sterbephasen

Der Sterbeprozess ist in fünf Phasen eingeteilt, und man sagt, dass jeder diese Phasen durchmacht. Ich kann dem aber nicht hundertprozentig zustimmen, denn wenn der Tod plötzlich eintritt, können die einzelnen Phasen logischerweise nicht hintereinander durchlaufen werden, und selbst wenn man diesen Prozess miterlebt, kann es sein, dass man die eine oder andere Phase trotzdem nicht erkennt. Zumindest war es bei mir und Felina so.

1. Sterbephase: Entscheidungsphase

Diese Phase machen die Tiere wie auch wir Menschen ganz mit sich allein aus. Dazu gehören die an uns gerichteten Aussagen unserer Tiere, dass sie sich langsam auf ihren Weg machen und ihre Menschen sich mit dem Thema Tod beschäftigen sollen. So oder mit ähnlichen Worten fangen die Tierbotschaften in der Regel an, wenn unser Liebling sich auf den Weg macht. In dieser Phase frisst er noch, aber er ruht mehr. Du fühlst, dass er körperlich nicht mehr der oder die Alte ist, alles wird langsamer. Es gibt dieses typische Auf und Ab, und wir versuchen, kleinere Erkrankung selbst zu heilen.

Das kannst du tun:
Wenn du diese Phase erkennst, kannst du deinem Liebling bei seiner Entscheidung helfen, indem du die Bachblüte

Gorse verabreichst. Bachblüten sind Essenzen, die ihren Namen von Dr. Edward Bach erhalten haben. Sein Motto lautete: Heile die Seele, damit dein Körper heil werden kann. Gorse ist die Pflanze der Entscheidungsfindung, und sie unterstützt deinen Tierfreund, seine Entscheidung zu treffen. Entweder wird er wieder gesund oder er macht sich langsam auf seinen letzten Weg. Habe keine Angst, denn die Bachblüte beschleunigt den Vorgang nicht, sie unterstützt ihn. Gib deinem Liebling über einen längeren Zeitraum (ca. 4 bis 6 Wochen) 3-mal täglich 3 Tropfen der Bachblüte Gorse mit Wasser verdünnt. Du kannst die Tropfen direkt in den Mund geben, auf die Pfoten tröpfeln, ins Futter oder Trinkwasser geben oder auf den Schlafplatz des Tieres tropfen. Suche dir einfach immer eine andere Eingabemöglichkeit aus, denn vor allem Katzen sind hier oft nicht einfach. Manchmal schlecken unsere Tiere die Tropfen auch direkt von unserem Finger. Du kannst die Bachblüte Gorse auch in allen anderen Sterbephasen verwenden.

Zudem kannst du für dein Haustier die Tieressenz »Rabenbegleitung« benutzen. Tieressenzen sind Aurasprays, die mit der Energie des jeweiligen Tieres und der Elohim (Elohim sind eine hoch schwingende Engelgruppe, die dem göttlichen Ursprung entstammt) energetisiert sind. Ätherische Öle, die sich in den Essenzen befinden, unterstützen die jeweiligen Prozesse. Es wäre sinnvoll, Tieressenz »Rabenbegleitung« auch selbst anzuwenden und in deine und in die Aura deines Tieres zu sprühen. Sie steht für den Neubeginn, wie auch immer dieser aussehen mag.

In der Farbtherapie verwendet man die Farbe Gelb im Wechsel mit Orange, um eine Entscheidungsfindung zu erleichtern. Man bestrahlt sein Tier und sich selbst 2-mal täglich 30 Minuten lang. Du kannst, wenn du keine Farblampe besitzt, auch ein gelbes und ein orangefarbenes Tuch oder eine gelbe und eine orangefarbene Decke verwenden. Die Tiere gehen in der Regel ganz von allein auf die angebotene Farbdecke und bleiben so lange liegen, wie es ihnen guttut.

Solltest du noch mit Düften arbeiten wollen, dann verwende ein naturreines ätherisches Öl mit dem Duft »Limette«.

2. Sterbephase: Futterverweigerung

Wie der Name schon sagt, verweigert unser Liebling die Nahrungsaufnahme. Ich möchte an dieser Stelle erwähnen, dass Felina diese Phase nie hatte. Sie hat bis zum letzten Tag gefressen, und das mit einem gesunden Appetit. Nur weil dein Tier nicht mehr frisst, muss das noch nicht das Ende bedeuten, es kann immer mal wieder zur Nahrungsaufnahme kommen. Ich möchte dich nicht verwirren, aber so ein Sterbeprozess kann sich über mehrere Monate hinziehen, von daher ist ein wechselnder Appetit eben möglich. Wenn es allerdings dem Ende zugeht, kann es sein, dass die Futteraufnahme komplett verweigert wird. Katzen verkriechen sich gegebenenfalls, der Körper ernährt sich von Reserven, was über einen längeren Zeitraum hinweg zu einem Zusammenbruch des Stoffwechsels führt. Durch die entstehenden Giftstoffe verbreitet sich im fortgeschrittenen Stadium ein Acetongeruch. Manche Tiere werden zu diesem Zeitpunkt apathisch, andere fangen an zu jammern, wimmern, was aber nicht zwangsläufig mit Schmerzen in Verbindung gebracht werden darf.

Das kannst du tun:
Für diesen Prozess kannst du unterstützend für dich und für dein Tier die Tieressenz »Orcareinheit« verwenden. Sie klärt und reinigt bis in die tiefste Zelle.

Unterstützen kann man diesen Prozess mit der Farbe Blau. Verwende eine blaue Farblichtlampe, und bestrahle dein Tier ca. 30 Minuten täglich. Wenn du keine Farblampe zur Hand hast, tut es auch eine blaue Decke, ein blaues Tuch oder etwas anderes in dieser Farbe. Auch hier wird sich dein Liebling freiwillig auf den Platz legen und so lange dort bleiben, wie es ihm guttut.

Als Duft in einer Duftlampe bietet sich der Muskatellersalbei an. Salbei hat eine extrem reinigende Wirkung, und er eignet sich auch, um den Raum zu räuchern und von negativen Energien zu befreien.

3. Sterbephase: Phönix aus der Asche

Spätestens seit Harry Potter dürfte der Ausdruck »wie ein Phönix aus der Asche« bekannt sein. Wenn nicht, er bedeutet das letzte Aufblühen, das letzte Aufbäumen. Dein Tier wird wieder aktiv. Es beginnt wieder, Interesse an der Umgebung zu zeigen, und das wird auch der Punkt sein, an dem du sicherlich wieder Hoffnung schöpfst.

Nachdem ich die Diagnose für Felina bekommen hatte, habe ich alle Medikamente abgesetzt. Ich dachte, okay jetzt ist ihre Zeit. Doch es gab auch bei meinem Engel diese Phase des Aufblühens, und ich beobachtete an mir, wie ich anfing, wieder in Büchern zu lesen und neue homöopathische Mittel auszuprobieren. Sie halfen sogar, doch ich stellte bald fest, dass sie dafür ein neues Wehwehchen dazubekam. Irgendwann wurde mir klar, dass das nur ein letztes Aufbäumen war und ich an dem Zustand, egal, was ich auch versuchte, nichts mehr ändern konnte. In diesem Zustand lernt man, zu akzeptieren und loszulassen und sich zu fügen. Während dieser Phase ist es aber auch möglich, dass es sich die Seele noch einmal anders überlegt und das Tier wieder gesundet. Ich möchte an dieser Stelle allerdings erwähnen, dass diese Fälle die Ausnahme sind. In dieser Phase kann auch die Schmerzempfindlichkeit erheblich ansteigen, was dazu führt, dass dein Tier Laute äußert, eventuell sogar schreit, winselt, krampft oder zuckt. Ich glaube, das ist für uns am schlimmsten, und gerade hier ist es ganz enorm wichtig, nicht in Hysterie zu verfallen, sondern ruhig zu bleiben. Wenn es dir nicht gelingt, dann kannst du an dieser Stelle die Meditation »Eine Tierseele gehen lassen« (S. 97 f.) durchführen.

Das kannst du tun:
Unterstützend kannst du mit der Farbe Rot arbeiten, indem du deinen Liebling täglich 2 bis 3-mal 15 Minuten lang mit einer Farblampe anleuchtest. Wenn du keine Farblampe besitzt, ist auch hier etwas anderes Rotes hilfreich.

Als Tieressenz empfehle ich dir und deinem Tier in dieser Situation den Wolf. Er grenzt euch gegenseitig ab und verhindert, dass unerwünschte Gefühle in dem Energiefeld deines Lieblings landen.

In der Aromatherapie findet die Blutorange hier ihren Einsatz.

4. Sterbephase: Schmerzunempfindlichkeit

Jetzt ist das Schlimmste überstanden. Die Atmung wird immer flacher und Schmerzen sind nicht mehr real. Wir erleben, wie unsere Tiere länger ausatmen und vor dem Einatmen eine Pause machen. An dieser Stelle fragt man sich des Öfteren: »Lebt mein Liebling noch, oder hat er aufgehört zu atmen?« Manchmal wirkt unser Liebling in dieser Phase kurzatmig, indem er auffällig hechelt.

Das kannst du tun:

Unterstützend für dein Tier und dich kannst du auch die Tieressenz »Bärenstärke« oder »Eulenpräsenz« verwenden. »Bärenstärke« schenkt Sicherheit, Geborgenheit und Stärke, während »Eulenpräsenz« Trauer und Traurigkeit lindert. Beide sind gleichsam wirksam, nimm einfach diejenige, die dich am meisten anspricht.

Unterstützen kannst du diese Phase mit der Farbe Grün. Bestrahle dein Tier mit der Farblampe täglich 2-mal 30 Minuten lang. Auch hier kannst du statt der Farblampe eine Decke, ein Tuch oder ein Shirt verwenden. Dein Liebling wird so lange auf dieser Farbe liegen, wie es ihm guttut.

Wie auch der Muskatellersalbei hat der gemeine Salbei in der Aromatherapie eine reinigende Wirkung, und ich glaube, gerade vor dem Übertritt ist das sehr wichtig. Dementsprechend kannst du deinem tierischen Begleiter mit Salbeiduft zur Seite stehen.

5. Sterbephase: Atemverlangsamung, Atemnot

Bevor der Organismus zum Erliegen kommt, fallen die Atemzüge immer schwerer und schwerer. Weil Felina so tief einatmen musste, um überhaupt noch Luft zu bekommen, konnte selbst meine Tierärztin sie am anderen Ende der Telefonleitung hören. Gleichzeitig tropfte Blut aus der Nase, was von der Zersetzung durch Bakterien hervorgerufen werden kann oder durch das Platzen von Blutgefäßen aufgrund der schweren Atmung.

Jeder erlebt diese Phase anders. Mein Neffe – den ich anfangs schon erwähnt hatte – hat mir erzählt, dass seine Katze Lilly noch einmal tief und laut Luft geholt hat, bevor sie letztlich gegangen ist. Manchmal wird der Atem auch immer schwächer und schwächer, bis alles Leben den Körper verlassen hat.

Das kannst du tun:

Meine Klienten verwenden in dieser Phase am liebsten die Tieressenz »Delfin«. Sie berichten, dass die Tiere ruhig werden, wenn man diese Essenz in die Aura sprüht, aber auch für die Menschen wirkt sie mehr als beruhigend. Sie hilft uns dabei, das Endgültige anzunehmen.

In der Farblichttherapie verwendet man in dieser Phase die Farbe Violett. Immer wieder kannst du mit der Farblampe kurze Farbimpulse senden, oder eine Decke, ein Tuch oder ein Shirt in dieser Farbe zur Hand nehmen. Unsere Tiere wissen, was ihnen guttut, und sie nehmen diese Hilfen sehr gern an.

In der Aromatherapie verwendet man den Lavendel. Er wirkt beruhigend, was in diesen Momenten sicherlich sehr hilfreich ist, sowohl für dich als auch für dein Tier.

Wenn du und dein Tier sich jetzt gerade in diesem Sterbe-prozess befinden, dann wünsche ich dir ganz viel Kraft und viele Engel an eurer Seite. Glaube stets an dich und dein inneres Gefühl und lasse dich nicht von Äußerlichkeiten be-irren. Überprüfe deine Gefühle, und höre auf dein Herz. Es gibt viele Dinge, die du selbst noch manchen kannst, einige habe ich dir schon genannt, andere kannst du in den folgen-den Kapiteln nachlesen. Denke daran. Du bist nicht allein, denn dein Liebling ist immer an deiner Seite, und sicherlich findest du viele gleichgesinnte Menschen, die diesen Weg gemeinsam mit dir gehen, sofern du das möchtest.

 # Rituale zur Unterstützung

Einen Heilkreis legen

Immer dann, wenn ich ein Tier und seine Menschen auf ihrem letzten gemeinsamen Weg begleite, unterstütze ich die Tiere gern mit einem sogenannten Heilkreis. Ein Heilkreis ist ein Kreis aus schönen Dingen, die dir wichtig sind. Wenn du einen bestimmten Verwendungszweck verfolgst, kannst du ihn auch mit einer bestimmten Intention aufladen, sodass er beispielsweise zu einem Schutzkreis wird. Der Heilkreis ist ein symbolisch angelegter geschützter Raum, den du sowohl in Gedanken als auch ganz real legen kannst.
Verwende dazu Heilsteine, Bänder, Blüten, Karten, Figuren, einfach alles, was du für hilfreich erachtest. Platziere nun ein Foto deines Tieres auf einem Tisch, und lege deine auserwählten Gegenstände um das Bild herum. Du kannst ganz bewusst Steine oder Karten (aus Kartendecks) verwenden, die symbolisch für den Weggang stehen oder die von Engelschwingungen begleitet werden.
Ein Heilkreis könnte so aussehen:

Kerzen anzünden

»Aus der Dunkelheit brach ein Licht und erleuchtete meinen Weg.« (Khalil Gibran)

Viele Tiere wünschen sich von ihren Menschen eine Kerze oder ein Licht, wenn sie gehen, so wie die Hündin Jenny. Sie teilte mir dies in einem Gespräch folgendermaßen mit:

»Mein Herz, möchtest du noch etwas von mir? Kann ich dir noch irgendwie helfen?«

»Ja, sei einfach da, wenn es nötig ist, und zünde eine Kerze an. Das wäre sehr, sehr schön von dir.«

»Das mache ich, meine Liebe. Ganz bestimmt.« (Mir kommen Tränen der Rührung, so viel Liebe ist vorhanden, so viel Frieden.)

»Danke. Und jetzt? Jetzt möchte ich nicht mehr traurig oder rührselig sein. Alles ist gut.«

Für mich symbolisiert Licht Liebe und Schutz. Mir kommt es so vor, als würde die Seele den Weg ins Regenbogenland direkt finden, weil der Weg hell erleuchtet ist. Licht verbindet, und wenn man sich einer Gruppe anschließt oder mehrere Personen diesen Prozess aktiv miterleben, sind viele Lichter für alle tröstend. Sobald ich von einem Tier weiß, dass es zu einer bestimmten Zeit eingeschläfert wird, zünde ich eine

Kerze für das Tier an. Ich entzünde diese ganz bewusst und spreche dazu folgendes Gebet:

»Gottvater und Gottmutter, ihr Erzengel und Elohim, ihr Krafttiere und himmlischen Begleiter! Nehmt euch der Seele von (Name des Tieres) an, und führt (Name des Tieres) ins Licht. Helft ihm/ihr seinen/ihren Weg zu finden. Dafür bete ich. Helft (Name des Menschen) über den Verlust hinweg. Schenkt ihm/ihr Trost und ganz viel Kraft. Namaste.«

Lichtraum aktivieren

Ein Lichtraum ist ein geschützter Raum, der für ein sterbendes Tier sehr hilfreich sein kann. Jede Seele braucht Zeit, um mit sich ins Reine kommen zu können. Das ist bei den Tieren nicht anders als bei uns Menschen. Manchmal können die Emotionen der Angehörigen diesen Prozess allerdings stören. Es geht hier nicht um die Schuldzuweisung, dass wir unser Tier nicht loslassen können, doch wie ich schon geschrieben habe, kann auch unser inneres Kind die Handlungen und Entscheidungen leiten. Um uns und unserem Tier einen geschützten Raum zu geben, ist ein Lichtraum empfehlenswert. Im Schamanismus ist diese Methode im Sterbeprozess bei Menschen und Tieren sehr weit verbreitet. Ich glaube, der Sterbende freut sich irgendwann auf die »andere Seite«, und da kann es schon behindernd sein, wenn die Menschenfreunde darum bitten, dass ihr Tier sie nicht verlassen soll. Vielleicht verkriechen sich deswegen auch manche Tiere, wenn sie sterben, weil es für alle Beteiligten sonst noch viel schlimmer wäre. Einen Lichtraum zu aktivieren, fühlt sich für mich sehr gut und richtig an.

Wie aktiviere ich einen Lichtraum?

Stelle dir eine Säule aus Licht vor. Sie leuchtet in einem strahlend hellen Licht. Dehne diese Lichtsäule jetzt aus, und stelle dir vor, wie dein Tier in diesem Licht sitzt. Es ist behütet und beschützt. Du kannst jetzt Erzengel oder die Elohim des Regenbogens zu dir rufen, damit sie den Lichtraum beschützen und deinen Liebling begleiten. Bitte in Gedanken darum, dass der Lichtraum so lange aktiviert ist, bis du ihn auflöst. Es reicht dann völlig aus, einmal täglich kurz an den Lichtraum zu denken. Er bleibt so lange bestehen, bis du ihn wieder auflöst.

Meditation: Eine Tierseele gehen lassen

Meditationen helfen dir dabei, deine innere Ruhe zu finden und auch Antworten auf deine Fragen zu bekommen. Diese Meditation soll dich unterstützen, deinen Tierfreund gehen zu lassen. Auch wenn sie vielleicht schmerzhaft ist und du Tränen vergießt, sie ist in jedem Fall heilsam. Meine liebe Freundin Susanne Hühn hat diese Meditation für euch geschrieben.

Mache es dir bequem, schließe deine Augen, nachdem du diesen Text gelesen hast, oder lasse ihn dir vorlesen. Stelle dir nun eine Lichtsäule vor, die aus dem höchsten Licht in das Herz der Erde hineinreicht und dich mit allen Seelendimensionen und Engelwelten verbindet. Die Lichtsäule verbindet dich mit der großen Tierseele. Stelle dich bitte mitten hinein, und erlaube, dass dich das Licht durchströmt. Es tut dir gut, du kannst aufatmen und alles aus dir hinausfließen lassen, was gehen will – es strömt in die Erde hinunter oder steigt wie Rauch in der Lichtsäule auf. Nun erscheint vor dir eine zweite Lichtsäule. Dein Tier erscheint in dieser Lichtsäule auf genau die Weise, auf die es sich nun zeigen will.

Wenn du ihm eine Frage stellen willst, dann imaginiere, wie aus deinem Bauch heraus Lichtfäden zu ihm hinwachsen. Die Lichtfäden dringen sehr achtsam in dein Tier ein, bis du einen innigen, stabilen Kontakt mit ihm hast. Nun stelle deine Fragen, und vertraue den Antworten, die du bekommst! Wenn dir das Tier keine Antwort geben kann, weil es sie selbst nicht weiß, dann rufe das Krafttier oder den Schutzengel deines Tieres. Diese Wesenheiten werden dir gern die Antworten geben, die du brauchst, um deinen Frieden zu finden. Antworten dieser Ebene klingen immer tröstlich und hilfreich, auch wenn sie manchmal sehr deutlich und ehrlich sein können. Rufe jetzt bitte die Engel, die für dein Tier zuständig sind, besonders aber die Krafttiere und die große Tierseele. Bitte sie darum, jetzt bei dir zu sein, und dann bitte sie, die Seele deines Tieres ganz sanft und sicher nach Hause zu bringen, wo immer dieses Zuhause auch sein mag. Die Engel und die Krafttiere wissen es. Erlaube deinem Tier, alles, was es für dich getragen hat oder noch trägt, von Lichtsäule zu Lichtsäule zurückzugeben. Damit das geschehen kann, entsteht ein Lichtkanal zwischen den Lichtsäulen. Durch diesen Lichtkanal könnt ihr nun alles, was ihr füreinander tragt und voneinander übernommen habt, zurückströmen lassen. Das ist wichtig, damit sich eure Energien sanft und auf gesunde Weise voneinander trennen. Wenn die Seele so weit ist, dann steigt sie nun sicher und geführt in der Lichtsäule deines Tieres auf, löst sich im Licht auf, verschmilzt mit der großen Tierseele oder zeigt sich dir als Symbol, sicher und geborgen beim Krafttier deines geliebten Tieres.

Ziehe nun bitte deine Lichtfäden wieder zu dir zurück.

Du kannst jederzeit über diese Lichtsäulen in Kontakt mit deinem Tier kommen, sei aber bitte achtsam und frage erst, ob es bereit ist für einen Kontakt. Womöglich ruht es sich aus oder ist gerade anderweitig unterwegs.

Komme dann mit deiner Aufmerksamkeit wieder in den Raum zurück, in dem du dich befindest, und öffne deine Augen.

Das Regenbogenland

Nun gehe ich über die Brücke.
Der Regenbogen strahlt.
Sie warten dort oben auf mich.
Ich blicke zurück zu dir.
Ich sehe deine Tränen,
doch weine nicht,
unsere Liebe bleibt.
Unsere Herzen bleiben
immer verbunden.
Ich gehe zurück nach Hause.
Wir haben geliebt, gelebt.
Wir sind durch die Sonne gelaufen,
Wir haben im Tal der Tränen gesessen.
Wir haben gelebt.
Unsere Zeit wird wiederkommen.
Dort oben zauberfunkelnd werden wir,
wenn die Zeit gekommen ist,
durch die Liebe
der anderen Welt fliegen.
Vertraue darauf.
Ich warte auf dich,
mein Menschenfreund!

(Susanne Hummel)

Immer mehr Menschen verwenden den Begriff Regenbogenland in Bezug auf den Verlust bzw. Tod eines Tieres. Das Regenbogenland ist ein Ort, der sich auf der anderen Seite des Regenbogens befindet. An diesen Ort gehen die Tiere, wenn sie diese Welt verlassen, und dort treffen wir sie wieder, wenn auch wir diese Welt verlassen. Für mich ist es eine Parallelwelt. Es sieht dort genau aus wie hier, und trotzdem ist sie energetisch ganz anders. Wenn ich mich mit toten Tieren verbinde, spüre ich einen tiefen inneren Frieden und absolute Liebe. Das macht diesen Ort zu etwas Besonderem. An jedem Tag und zu jeder Zeit ist es uns jedoch möglich, an diesen Ort zu reisen, um unsere Liebsten zu treffen, und für viele Menschen ist das schon ein wunderbares Erlebnis gewesen. Nun hast du die Möglichkeit, in diese Energie einzutauchen. Wenn du den folgenden Text »Reise ins Regenbogenland« langsam liest, kannst du gleichzeitig die Energien der Reise fühlen. Du kannst ihn dir allerdings auch vorlesen lassen oder ihn dir auf der CD »Seelenreise zu deinem Tier« anhören. Öffne dein Herz jetzt ganz weit, und lasse die Emotionen zu, die gegebenenfalls aufkommen.

Meditation: Reise ins Regenbogenland

Mache es dir bequem. Atme ganz tief in deinen Bauch hinein und wieder aus. Einatmen und ausatmen. Mit jedem Atemzug wirst du ruhiger, du kommst jetzt mehr und mehr bei dir an. Lasse deine Gedanken ziehen, und halte sie nicht fest. Sie sind jetzt nebensächlich, nur du bist in diesem Moment wichtig. Konzentriere dich einfach auf deinen Atem. Spüre, wie deine Bauchdecke sich hebt und wieder senkt. Mit jeder Ausatmung fallen nun Spannung und Druck von deinen Schultern, und dein ganzer Körper wird leicht und frei. Mit jeder Einatmung ziehst du nun Regenbogenenergie in deinen Körper hinein. Glitzernde, funkelnde Regenbogenenergie. Jede Zelle deines Körpers füllt sich mit dieser wunderbaren Energie auf, bis dein ganzer Körper in den wunderschönen Farben des Regenbogens schimmert. Einatmen und wieder ausatmen. Richte deine Aufmerksamkeit jetzt in deinen inneren Tempel. Er ist ein Ort in deinem Körper, an dem du dich geborgen und sicher fühlst, der dir das Gefühl gibt, ganz für dich zu sein. Egal wo in deinem Körper sich dein Tempel befindet, gehe jetzt mit deiner ganzen Aufmerksamkeit dorthin. Mache es dir in deinem Tempel bequem, und atme bewusst weiter. Du siehst nun einen Engel, der deinen Tempel betritt. Eine leuchtend gelbe Aura umgibt ihn, seine Schwingung ist so friedlich und liebevoll, dass sie sofort dein Herz berührt. Du fühlst dich mit einem Mal verbunden, gehalten, getröstet und geliebt. Der Engel kommt näher, und du siehst, wie er dir seine Hand entgegenhält. Voller Vertrauen legst du deine Hand in seine. »Ich bin der Erzengel Azrael, ich bin der Engel, der die Seelen ins Licht begleitet, und der Tröster für all jene, die zurückbleiben.

Ich nehme dich jetzt mit auf eine Reise. Lasse dich führen, und sei voller Vertrauen. Alles ist gut.«

Du spürst jetzt, wie dein Körper ganz leicht wird und du mit dem Engel gemeinsam deinen Tempel verlässt. Eine Landschaft, friedlich und schön, taucht vor deinem inneren Auge auf. In der Ferne siehst du einen Regenbogen leuchten, dessen Ende sich auf der Erde befindet. Azrael führt dich zu diesem Ende. Du kannst Treppen sehen, die weit hinauf über den Regenbogen führen. Gemeinsam steigt ihr hinauf, immer höher und höher, immer weiter hinauf, bis ihr oben angekommen seid. Du nimmst die Stille wahr, aber euer Weg führt euch weiter und auf der anderen Seite des Regenbogens hinab.

Unten angekommen bittet dich Azrael, weiter mit ihm zu gehen. Vielleicht zögerst du, doch jetzt hast du die Möglichkeit, den Schleier zu lüften und dorthin zu gelangen, wo dein Ursprung, dein Zuhause ist. Der Weg führt dich zu einer Wiese. Azrael fordert dich auf, es dir im Gras bequem zu machen. Du fühlst, wie ein tiefes Gefühl des Friedens in deinen Körper einströmt und jede deiner Zellen erfasst. Tiefer, tiefer Frieden macht sich in dir breit. Lasse dich fallen, und spüre die Energie dieses Ortes. Schaue dich um: Deine Liebsten sind da, sie sind zu dir gekommen. Tiere und vielleicht auch Menschen, die sich dir zeigen, die du kennst und die sich nun zu dir auf die Wiese setzen. Die Freude des Wiedersehens ist riesengroß. Du kannst mit ihnen reden, sie berühren und hören, was sie dir zu sagen haben. Solltest du etwas zu deinen Liebsten sagen wollen, dann tue es. Sprich dir von der Seele, was dich belastet oder was du noch mitzuteilen hast. Lausche, und lasse die Antwort zu. Es ist alles gut, auch wenn Tränen laufen. Halte sie nicht zurück. Sie heilen dein Herz, und nur so kannst du wahren Trost erleben. Nimm dir Zeit! Fühle, erlebe, und heile.

Auch wenn es schwerfällt: Du spürst, dass es Zeit wird, diesen Ort zu verlassen. Verabschiede dich jetzt von deinen Liebsten. Du weißt, dass du zu jeder Zeit wiederkommen kannst, dass sie nicht verloren sind, sondern nur nebenan. Drehe dich um, du siehst am Ende des Regenbogens den Erzengel Azrael auf dich warten. Gemeinsam tretet ihr die Rückreise an. Ihr steigt hinauf bis ganz nach oben, bis zum höchsten Punkt des Regenbogens, um dann auf der anderen Seite wieder hinabzusteigen. Mit deinem nächsten Atemzug befindest du dich wieder in deinem Tempel. Bedanke dich jetzt bei dem Erzengel für dieses wunderbare Geschenk, und sieh, wie auch er deinen Raum verlässt. Obwohl du jetzt allein bist, fühlst du dich friedlich, geliebt und mit allem verbunden.

Komme nun mit der nächsten Einatmung in deinem Tempo wieder ins Hier und Jetzt zurück. Komme wieder ganz an.

Diese Reise kannst du wiederholen, sooft du möchtest. Immer dann, wenn die Sehnsucht groß wird oder du deine Liebsten direkt spüren und fühlen möchtest. Es ist allerdings wichtig, die Emotionen zuzulassen, und so wird der Zeitpunkt kommen, an dem der Wunsch nur noch selten aufkommt bzw. immer geringer wird.

Trauer

Wie gehe ich mit meiner Trauer um?

Trauer und Schmerz sind Emotionen, die wir alle in unserem Leben schon erfahren haben und denen wir uns stellen müssen. Es gibt Menschen, die sie in Schubladen verstecken und immer hervorholen, wenn sie durch Fotos oder Erlebnisse an Vergangenes erinnert werden, nur um sie dann schnell wieder zu verschließen. Andere wiederum stellen sich dieser schweren Emotion ganz bewusst, lassen sie zu und erleben sie.

Ich selbst habe verschiedene Sterbeprozesse erlebt, und bei jedem war die Trauer anders. Fijacks Tod war der erste, den ich ganz bewusst wahrgenommene habe, und in meinen Augen war ich damals absolut bereit gewesen. Ich war traurig, habe geweint, als er gegangen ist, aber durch seine Präsenz ist es mir so vorgekommen, als hätte ich alles ganz gut verarbeitet. Ich konnte von ihm reden, ohne in Tränen auszubrechen, also war meiner Meinung nach alles gut.

Ein halbes Jahr später habe ich allerdings bei einer geleiteten Meditation festgestellt, dass es gar nicht so war. Es ging bei dieser Meditation darum, Emotionen, die man verspürte, abzugeben. Dazu zeigten sich Tiere, Menschen oder andere Symbole. Als ich überlegte, welche Emotionen ich nicht mehr wollte, war da auch die Traurigkeit. Nie und nimmer hätte ich diese allerdings mit meinem geliebten Hund in Verbindung gebracht. Als ich die Traurigkeit abgeben wollte, zeigte sich mir mein Liebling Fijack. Er hat zu mir gesagt:

»Du darfst mir deine Traurigkeit geben.« In dem Moment löste sich in mir ein emotionaler Knoten. Die Tränen flossen, und ich konnte mich sehr lange nicht beruhigen. Doch dann war es gut, und ich denke, dass ich erst in diesem ganz bewusst erlebten Moment meine Trauer abgeben konnte.

Mit Felina war es ganz anders. Seit Fijacks Tod hatte ich viele weitere Erfahrungen mit sterbenden Tieren gemacht, und meine Einstellung zum Sterben hatte sich verändert. Ich merkte, dass ich mehr und mehr verstand. Trotzdem habe ich den Verlust und die Leere sehr stark gespürt, als mein Engel über die Regenbogenbrücke ging. Es war die Stille, die sich im ganzen Haus ausbreitete und die ich erst hinter mir lassen konnte, wenn ich das Haus verließ. Draußen ging es mir nämlich gut. Nach zwei Wochen allerdings wurde mir klar, dass ich mich jetzt den Gefühlen stellen musste, weglaufen würde nichts bringen, denn irgendwann musste auch ich mich wieder meinen Aufgaben widmen. So fing ich an, mit Felina zu sprechen und ich muss zu meiner Entschuldigung sagen, dass die Gewissheit, dass meine Hündin wieder zu mir zurückkommen würde, mich enorm getröstet hat. Trotzdem war sie ja noch nicht wiedergeboren. Hinzu kam, dass mein Mann keinen Hund mehr wollte, was mich immer wieder aus dem Gleichgewicht brachte. In diesen Momenten wurde ich aber stets getröstet durch meine Hündin, denn sie schickte mir dann ihre Regenbogen. Seit meine Hündin Safi bei mir lebt – und ich bin davon überzeugt, dass sie einen Teil von Felinas Seele in sich trägt –, habe ich nicht mehr so oft das Bedürfnis, mit meiner Felina zu kommunizieren. Ich vermisse sie heute immer noch, aber auf andere Art und Weise. Damit meine ich, dass mich der

Gedanke an den Verlust nicht mehr beherrscht. Nur an dem besagten Tag, also ihrem Todestag, ist das Gefühl des Verlustes wieder ganz präsent.

Der Tod meines Papas wiederum war ganz anders, denn bei seinem Übergang wusste ich, er ist zu Hause. Es war ein schönes Gefühl, und ich freute mich sehr für ihn. Ich glaube, dass manche Menschen mich für verrückt gehalten haben, denn Trauer konnte ich hier überhaupt nicht fühlen. Sicherlich konnte ich den Verlust spüren, dass er nicht mehr hier ist, dass ich sein Lachen nicht mehr hören und nicht mehr mit ihm gemeinsam frühstücken konnte. Aber es war gut, von Anfang an. Ich hatte gewusst, dass es so kommen würde, und ich hatte mich gut darauf vorbereiten können. In dem Moment des Weggangs war es kein Schock für mich, ich spürte nur absolute Liebe und Hingabe. Mein Mann sagte einmal zu einem Freund auf die Frage, wie es mir ginge: »Ich kann es dir nicht sagen, denn sie benimmt sich nicht wie jemand, der ein Elternteil verloren hat.« Ich kann nicht sagen, was das heißt oder bedeutet. Oftmals habe ich mich gefragt, ob ich normal bin oder ob mich die große Emotionswelle irgendwann einmal einholen würde. Aber ich denke, das wird nicht passieren, weil es für mich so »normal« und stimmig war, dass er sich auf den Weg machte.

Den größten Schock habe ich – wie schon erwähnt – erlebt, als mein Bruder starb, denn das geschah von jetzt auf gleich. In solchen Fällen ist die Trauerarbeit ganz besonders wichtig, denn wir können uns auch nach deren Ableben von unseren Tieren und geliebten Menschen verabschieden. Es gibt verschiedene Methoden und Rituale, die man durchführen kann. Einige davon stelle ich im Folgenden noch vor. Abschließend möchte ich sagen, dass ich mich seinerzeit den Gefühlen der Trauer, der Wut und auch des Nicht-Verstehens hingegeben habe. So merke ich jetzt, wo ich dieses Buch schreibe, wie die alten Emotionen wieder hochkommen. Auch das kann eine Form des Verarbeitens sein, wenn wir unsere Gefühle und Erlebnisse niederschreiben und die Seele von den negativen Emotionen befreien. So fangen wir an, anzunehmen und zu akzeptieren, vielleicht auch zu verstehen, auch wenn der Verlust trotz allem noch da ist. Es sind einfach auch die erlebten Momente, verschiedene Situationen, in denen man sich denkt: »Jetzt kommt er gleich um die Ecke« oder »Mein Tier kommt gleich ins Zimmer«. Die Erinnerung ist einerseits etwas Schönes, andererseits kann sie aber auch hemmend sein, vor allem dann, wenn man aus dieser Phase nicht mehr auftauchen kann und nur noch in der Vergangenheit lebt. Irgendwann dürfen wir uns unseren Emotionen stellen, sie annehmen, anschauen und auch akzeptieren. Sie gehören zu uns, und man sollte sie nicht vergraben, denn eines ist sicher: Sie tauchen ganz bestimmt wieder auf.

Neben Ritualen und Techniken können wir wieder Bachblüten zu unserer Unterstützung heranziehen. Ich empfehle in Bezug auf Trauer folgende Mischung:

Star of Bethlehem
Diese Bachblüte steht für Trauer, Trauma, tiefe Traurigkeit. Dazu zählt alles, was mit großem Seelenschmerz in Verbindung steht oder mit dem Gefühl einer tiefen Traurigkeit, von der man nicht weiß, woher sie stammt.

Walnut

Walnut hilft uns beim Neubeginn, denn auch jetzt fängt etwas Neues an, ein Leben ohne unseren Liebling.

Lasse dir diese beiden Bachblüten, mit jeweils 12 Tropfen, in der Apotheke in einer 20-ml-Pipettenflasche mischen, und nimm mehrmals täglich 6 Tropfen ein. Im Übrigen sind sie für alle Familienmitglieder geeignet, und sollten noch andere Tiere im Haushalt leben, empfiehlt es sich, auch diesen Tieren die Mischung zu verabreichen. Allerdings sollte diese Mischung dann unbedingt mit Wasser und nicht mit Alkohol angemischt werden.
Die bekannten Notfalltropfen aus Bachblüten eignen sich übrigens nicht für eine längere Einnahme, sondern nur für zwei bis drei Tage.

Des Weiteren kannst du aber während der Trauerzeit sehr gut mit Tieressenzen arbeiten (Erklärung s. Kapitel »Die fünf Sterbephasen«, S. 85-92). Ich selbst habe nach dem Verlust meines Bruders die Tieressenz »Bärenstärke« verwendet. Diese Essenz vermittelt ein Gefühl der Geborgenheit, man fühlt sich angenommen und geliebt. Gerade, wenn wir jemanden, den wir lieben, verloren haben, ist dieses Gefühl ganz besonders wichtig. Ebenso eignet sich die Delfin-Essenz, um das Trauma zu lösen und zur Lebensfreude zurückzukehren, sowie die Eulen-Essenz, um unsere Traurigkeit zu lindern.

Die vier Trauerphasen

Bevor wir gleich dazu übergehen, an unseren Emotionen zu arbeiten, möchte ich dir die einzelnen Trauerphasen vorstellen. Vielleicht wird dir dann die eine oder andere deiner Emotionen und Verhaltensweisen bewusst, oder du erkennst, dass es ganz normal ist, wie du reagierst. Viele unserer Mitmenschen wissen nicht, wie sie uns helfen und unterstützen können. Manche gehen uns aus dem Weg, und andere rufen uns ständig an. Auch wir reagieren unterschiedlich. Während sich der eine Nähe wünscht, möchte der andere lieber mit sich allein sein. Alles ist richtig, und alles ist gut.

Die 1. Phase – Nicht wahrhaben wollen

In der ersten Phase versuchen wir, das Erlebte zu verdrängen. Oftmals ist uns das gar nicht bewusst. Diese Phase hatte ich bei Felinas Tod gar nicht oder sie hatte sich bei mir nur anders gezeigt: Ich bin geflüchtet, denn ich habe es zu Hause nicht ausgehalten. Die Stille machte mir jede Sekunde bewusst, dass meine Seelenfreundin nicht mehr hier war. Außerhalb des Hauses ging es mir gut, doch sobald ich die Haustür öffnete, war der Schmerz wieder allgegenwärtig. Ich weiß noch, dass Felina nach zwei Wochen zu mir sagte, dass ich jetzt anfangen solle, wieder meine Arbeit aufzunehmen, und dass ich mich meinen Gefühlen stellen müsse. Sie meinte damals, dass alles andere nur eine Flucht sei. Wie recht sie doch hatte. Du siehst, Weglaufen ist eine Form des Nicht-Wahrhaben-Wollens.

Die 2. Phase – Zorn und Schuldgefühle

In dieser Zeit stellst du eventuell alle deine Entscheidungen infrage. Du fragst dich, ob du nicht früher hättest reagieren müssen, ob du etwas übersehen hast oder ob du nicht doch noch einen anderen Tierarzt hättest aufsuchen sollen. Vielleicht bist du wütend auf deinen Liebling, weil er dich allein gelassen oder nicht gewartet hat, bis du zu Hause warst. Eventuell bist du auch wütend auf dich. All das sind Emotionen, die durchaus normal sind und die zu diesem Prozess dazugehören.

Die 3. Phase – Erinnerungsorte aufsuchen

Das ist die Phase, in der man Orte aufsucht, die positiv in Erinnerung geblieben sind. Du gehst an Orten spazieren, die auch deinem Tier gefallen haben und die ihr oft besucht habt. Irgendwann erinnerst du dich mit einem Lächeln auf den Lippen an die schönen Momente, die du gemeinsam mit deinem Begleiter erlebt hast. Du spürst, dass es leichter wird, und glaube mir: Wenn du so weit bist, dann hast du schon einiges verarbeitet. Sollten Tränen fließen, weil du den Verlust jetzt ganz, ganz intensiv fühlst, dann lasse es zu. Es ist gut und es tut dir gut.

Die 4. Phase – Neubeginn

In dieser Phase bist du bereit, einen Neuanfang zu starten. Es kann sein, dass du jetzt offen für einen neuen tierischen Begleiter bist, dass du anfängst, wieder zu lachen, ohne ein schlechtes Gewissen zu bekommen, und alles wieder ganz normal ist. Für mich war das der Zeitpunkt, als meine Hündin Safi bei mir einzog. Obwohl ich zuvor fast täglich mit meiner Felina mentalen Kontakt hatte, wurde es ab diesem Zeitpunkt merklich weniger.

Nicht immer zeigen sich alle Trauerphasen, wenn wir ein Tier verloren haben, vielleicht nehmen wir sie aber auch nur nicht bewusst wahr. Ich kann mich an die 2. Phase weder bei Fijack noch bei Felina erinnern. Und in bestimmte Zeitabschnitte können wir sie auch nicht einteilen. Manchmal geht man von der 1. Phase in die 3. Phase und dann erst in die 2. Phase.
Ich denke, es ist gar nicht wichtig, ob oder wie wir die Trauerphasen erleben, sie zeigen sich bei jedem von uns anders. Wichtig ist nur, dass wir die Trauer zulassen und durchleben.

Kinder und Trauer

Sollten Kinder in deinem Haushalt leben, ist es ganz wichtig, dass diese in die Trauerarbeit miteinbezogen werden. Viele von uns scheuen sich davor, Kinder den Abschied schon bewusst miterleben zu lassen, doch für die Kleinen ist es sehr wichtig, da sie nur dann Tod und Trauer verstehen können. Kinder gehen ganz anders mit Verlusten um, als wir oft denken. Aus diesem Grund ist es wichtig, dass wir über unsere Gefühle reden, sodass die Kleinen sehen, dass auch Erwachsene weinen, weil ein tierischer Freund sich verabschiedet hat. Sie erfahren sich durch dieses Miteinander als gleichwertiges Mitglied der Gemeinschaft und können ihre eigenen Gefühle besser zeigen.

Ermutige dein Kind, Fragen zu stellen, und sei bereit, offen und ehrlich zu antworten. Erkläre auch die Todesursache mit altersentsprechenden Worten, die dein Kind versteht. Verniedlichte Aussagen helfen oft nicht, denn je nachdem, wie alt dein Kind ist, kann es diese vielleicht nicht verstehen. Ein Satz wie »Jacky ist friedlich eingeschlafen« könnte dazu führen, dass das Kind sich vor dem Einschlafen fürchtet. Sei dir im Klaren darüber, dass Kinder Aussagen wörtlich nehmen, dementsprechend sollte also deine Antwort ausfallen. Ehrlichkeit ist in diesen Fällen immer das Beste.

Solltest du dein Tier im Garten vergraben, dann lasse dein Kind entscheiden, ob es mit dabei sein möchte oder nicht. Fernhalten ist sicherlich nicht die Lösung und seien wir doch mal ehrlich, wären wir anders mit dem Thema Sterben und Tod aufgewachsen, hätte man es nicht als Tabuthema gesehen, würde uns der Umgang mit dem Ableben geliebter Wesen heute sicherlich leichter fallen.

Kinder nehmen vieles anders auf als wir. So haben sie beispielsweise einen intuitiven Schutz in sich, der sie dazu bringt – sofern man sie ehrlich und liebevoll behandelt –, mit dem Geschehen leichter umzugehen. Kinder verhalten sich oft anders, als wir es erwarten würden, doch solange man ihnen nichts verschweigt, sie in Gespräche miteinbezieht, wird alles gut werden.

Emotionen erleben und verarbeiten

Wir sind Meister im Unterdrücken unserer Gefühle und darin, diese in eine Schublade zu verstauen. Leider bleiben die Emotionen nicht für alle Ewigkeit in dieser Schublade, denn irgendwann wollen sie raus. Dann holt uns die Vergangenheit ein, und alles muss noch einmal durchlebt werden. Einfacher wird es, wenn wir uns gleich unseren Emotionen stellen.

Brandon Bays, die Autorin des Buches »The Journey«, sagt: »Wer seine Trauer durchlebt, ist in zwei Wochen durch.« Die Praxis zeigt allerdings, dass dies nicht immer der Fall ist. Trotzdem ist diese Methode eine wunderbare Möglichkeit, sich von unerwünschten Emotionen zu heilen, da sie einen Vergebungsprozess einleitet.

Laut Brandon Bays versteckt sich hinter jeder Emotion eine weitere Emotion. Hole sie hervor und fühle sie in ihrer ganzen Stärke. Du solltest aber nicht an ihr festhalten, sondern schauen, was für eine Emotion hinter der vorherigen liegt. Du holst dir zum Beispiel deine Traurigkeit hervor. Fühlst sie kurz und schaust, was sich dahinter verbirgt. Jetzt begegnet dir vielleicht Einsamkeit. Dann lässt du dieses Gefühl zu und schaust, was sich wiederum dahinter verbirgt. Wenn du diesen Prozess bis zum Ende durchführst, wirst du irgendwann durch ein tiefes schwarzes Loch fallen. Sobald du jedoch dort hindurch bist, fühlst du deine ganze Präsenz. Hinterher startest du einen Vergebungsprozess. Du darfst dir selbst und gegebenenfalls dem Verstorbenen verzeihen.

Übung, um deine Trauer, deinen Schmerz und all die anderen Gefühle anzunehmen:

Atme erst ein paar Mal tief ein und wieder aus. Werde dir jetzt deines Gefühles ganz bewusst. Spüre es in all seiner Tiefe, und lasse dieses Gefühl jetzt zu. Auch wenn Tränen fließen – es ist gut so, denn Tränen heilen. Frage dein Gefühl jetzt, was es sich von dir wünscht. Vielleicht hörst du jetzt Worte wie »angenommen werden«, »gesehen werden«, »gefühlt werden«, »geliebt werden«. Egal, was da kommt, höre einfach zu und lasse es so stehen. Dann hole dir das Gefühl in dein Herz. Stelle dir dazu eine Lotosblume vor, die sich am Morgen öffnet. Wenn sie ganz auf ist, atmest du dein Gefühl in dein Herz. Du nimmst und erkennst es an, und du wirst es nicht weiter verstecken. Schaue, ob dieser Prozess für dich möglich ist, oder ob sich etwas in dir sträubt. Manchmal gelingt es uns nicht, das »ganze« Gefühl in unser Herz aufzunehmen. Falls das der Fall sein sollte, dann frage das Gefühl, ob es jemand anderem gehört. Falls du ein »Ja« und den Namen der Person vernimmst, dann hole denjenigen in Gedanken dazu. Vor dir erscheint daraufhin der Engel dieses Menschen. Sprich jetzt zu dem Engel, und übergib ihm das Gefühl. Bitte den Engel, das Gefühl jetzt dorthin zu bringen, wohin es gehört. Merkst du, wie dein Herz leichter wird? Wie dein Druck und auch deine Emotionen nachlassen? Schön, ich freue mich für dich. Mache es jetzt mit jeder anderen Emotion, die mit deinem Verlust in Zusammenhang steht, ebenso.

Rituale, um den Abschied zu verarbeiten

Es gibt viele Rituale, die wir unterstützend zur Verarbeitung unserer Emotionen nutzen können und die uns auch dabei helfen, mit dem Leben unseres Tieres abzuschließen. Sie sind für viele wichtig und in jedem Fall nützlich, vor allem dann, wenn wir uns nicht verabschieden konnten bzw. unsere Emotionen uns nicht loslassen.

Viele Menschen fragen mich, ob ein Tier sich nach seinem Tod einen besonderen Platz für seinen Körper wünscht. Meine Erfahrung hierzu ist, dass den Tieren so ein Ort mehr oder weniger egal ist. Trotzdem wollen sie ihre Menschen ermutigen, weil sie wissen, dass diese einen solchen Ort benötigen. Ein Begräbnis stellt für uns einen Abschluss dar, und die meisten können erst dann mit der tatsächlichen Trauerarbeit anfangen. Es gibt in vielen Städten Tierfriedhöfe, aber auch die Einäscherung ist eine Möglichkeit. Die Urne kann dann im Garten oder an einem anderen schönen Ort begraben werden. Die amtlichen Bestimmungen, wie ein Tierkörper zu begraben werden muss, können von Gemeinde zu Gemeinde variieren. Findet die Bestattung auf dem eigenen Grundstück statt, darf dieses nicht in einem Wasserschutzgebiet liegen und die Tiefe des Grabes muss mindestens 50 cm betragen.
Ein paar Wochen nach Felinas Tod, durfte ich von einer wunderschönen Möglichkeit erfahren, die ich gewählt hätte, wenn ich früher davon gewusst hätte. Es gibt Firmen, die

aus der Asche oder den Haaren unserer Tiere Diamanten herstellen, die dann als schönes Erinnerungsstück aufbewahrt werden können. Einen Link hierzu findest du im Anhang unter »Nützliche Links«, S. 170.

Die Möglichkeiten sind in der heutigen Zeit scheinbar grenzenlos und im Internet findest du viele schöne Ideen, um abzuschließen.

Zu meinen Lieblingsritualen gehört das Kerzenritual. Es dient dazu, den Prozess des Loslassens positiv zu unterstützen.

Kerzenritual zum Loslassen

Dieses Ritual eignet sich vor allem dann, wenn uns Schuldgefühle plagen, weil wir nicht anwesend waren, als unser Liebling starb, oder weil wir zu wenig Zeit hatten, weil wir nicht merkten, dass es bergab ging usw.

Du brauchst dazu:

- Eine schwarze Kerze (die Farbe Schwarz steht für »Loslassen«)
- Einen Zettel
- Einen Stift

Atme ein paar Mal tief ein und wieder aus, und schreibe alles auf, was du deinem Tier noch sagen wolltest, zum Beispiel deine Gefühle und alles, was dich im Zusammenhang mit dem Weggang deines Tieres schmerzt. Mache dir darüber Gedanken, was du loswerden möchtest, also auch deine Schuldgefühle, deine Trauer, alles, was dich belastet, und notiere es.

Beginne mit: »Ich bitte darum, dass meine Trauer und meine Schuldgefühle von mir genommen werden. Ich bitte darum, dass meine Ängste vor dem Alleinsein von mir genommen werden. Ich bitte darum, dass mir meine Zweifel über meine Entscheidung genommen werden …« Du kannst die Reihe nach eigenem Ermessen weiter fortführen.

Nimm den Zettel, sobald du alles aufgeschrieben hast, in die Hand, falte ihn, halte ihn an dein Herz, und atme tief ein und wieder aus. Dann zünde die Kerze an, und verbrenne den Brief mit ihrer Flamme. Die Asche solltest du der Natur übergeben, sie trägt deine Gefühle fort. Lasse die Kerze brennen, bis sie von selbst erlischt.

Luftballons steigen lassen

Auch das ist ein wunderschönes Ritual, vor allem dann, wenn man nicht die Möglichkeit hatte, sich von seinem geliebten Tier zu verabschieden.

Besorge dir einen mit Gas befüllten Luftballon, und schreibe den Namen deines Tieres auf den Ballon. Atme ein paar Mal tief ein und wieder aus, und mache dir bewusst, dass deine Gefühle, alles, was mit dem Weggang deines Lieblings zu tun hat, von dem Ballon fortgetragen wird auf seiner Reise, wenn du ihn jetzt in die Lüfte steigen lässt. So kannst du dich »bewusst« verabschieden, weil du den Luftballon so lange als Punkt am Horizont verfolgen kannst, bis du ihn nicht mehr siehst. Diese Übung ist eine ganz besondere Form, um den Abschied oder den Weggang zu zelebrieren.

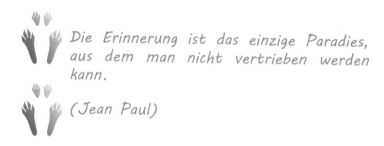

Die Erinnerung ist das einzige Paradies, aus dem man nicht vertrieben werden kann.

(Jean Paul)

Erinnerungsbuch gestalten

Das Erinnerungsbuch ist eines der schwersten Abschieds-rituale, weil wir uns mit dem Buch ganz bewusst unseren Emotionen stellen, indem wir Bilder und wunderschöne Er-lebnisse unserer Tiere in dieses Buch hineinschreiben. Viel-leicht gibt es auch Tiergespräche, die du ebenfalls in diesem Buch verewigen kannst. Dadurch kommen natürlich auch Emotionen hoch, die aber durch den Prozess geheilt werden können. Tränen dürfen fließen, und Tränen müssen fließen, damit unser Herz heil werden kann.

Ohne Tränen hätte die Seele keinen Re-genbogen.

(John Vance Cheney)

Brief schreiben

Auch wenn du nicht mental mit Tieren sprechen kannst, hast du dennoch die Möglichkeit, mit deinem Tier in Kontakt zu treten. Nimm dazu ein Blatt Papier zur Hand, und schreibe einen persönlichen Brief an deinen Liebling. Bringe alles, was du deinem tierischen Begleiter mitteilen möchtest – deine Gefühle, aber auch Fragen, die du vielleicht noch hast – zu Papier. Alles, was dir auf dem Herzen liegt, kannst du in diesen Brief schreiben. Wenn du fertig bist, hole dir ein weiteres Blatt, und richte einen Brief an dich selbst. Lasse dann alles in diesen Brief hineinfließen, was dir in den Sinn kommt. Das sind jetzt nicht deine Worte, sondern die Worte deines Lieblings, die du zu Papier bringst. Man nennt diese Methode automatisches Schreiben. Viele meiner Klienten haben diese Methode ausprobiert und dadurch Antworten und Trost erhalten. Zweifle nicht an den Antworten, sondern nimm sie einfach als Geschenk an.

Mit all diesen Methoden verarbeiten wir unsere Trauer, und es wird uns leichter ums Herz werden. Glaube mir, dein Tier wünscht sich nichts sehnlicher, als dich wieder lachen und glücklich zu sehen. Und auch ich wünsche mir das für dich.

Wie gehe ich mit Schuldgefühlen um?

Immer wieder erlebe ich, wie meine Klienten von ihren Schuldgefühlen verfolgt werden und sich tagein, tagaus damit quälen. Ich kann verstehen, dass man dieses Gefühl durch die Machtlosigkeit durchlebt, sein Tier nicht retten zu können. Es wäre ja auch irgendwie nicht normal, sich nicht zu fragen, ob man etwas anderes hätte machen können. Wie ich dir allerdings schon in diesem Buch erzählt habe, liegt es nicht an uns, unseren Liebling zu retten, sondern es ist immer die Seele deines Tieres, die das entscheidet.

Trotzdem gibt es Situationen und Entscheidungen, die man vielleicht im Nachhinein bereut und die diese Gefühle immer wieder hervorrufen.

Zum Beispiel:

- Du bist beim Einschläfern nicht bei deinem Tier gewesen.
- Du bist nicht zu Hause gewesen, als dein Tier ging. Vielleicht warst du im Urlaub oder bei der Arbeit.
- Du hast dein Tier in die Tierklinik oder zum Tierarzt gebracht, um eine Operation durchführen zu lassen, bei der dein Tierfreund allerdings verstarb.
- Du gibst dir die Schuld, weil du nicht erkannt hast, dass deinem Begleiter etwas gefehlt hat.

Glaube mir, ich kann das verstehen, doch unsere Tiere nehmen uns unsere Schwäche in der Regel nicht übel. Sie verstehen uns, und manchmal sterben sie eben nicht im Kreise der Familie. Es ist niemals deine Schuld, dass dein Begleiter von dir gegangen ist, denn alles im Leben hat seinen Grund. Ich weiß, wie abgedroschen sich meine Worte für dich jetzt vielleicht anhören mögen, und gegebenenfalls denkst du dir: »Dieses blöde spirituelle Gerede.« Ich verstehe dich. Auch ich habe diese Worte schon oft in diesem Zusammenhang gehört, und ich habe genau dasselbe gedacht. Im Schmerz, in der Trauer ist es uns meistens nicht möglich, diese Sichtweisen zu akzeptieren bzw. gar zu erkennen, aber irgendwann, wenn man es zulässt, kommt auch das Verstehen. Schuldgefühle hemmen uns allerdings und hindern uns ebenfalls daran, richtig abzuschließen. Die Gedanken drehen sich im Kreis, und ein Ausstieg aus diesem Karussell ist für viele nicht möglich. In solchen Situationen ist es ratsam, sich selbst und auch seinem Tier zu verzeihen. Ja, auch seinem Tier, denn manchmal liegt in unserem Inneren der Gedanke verborgen, dass wir verlassen worden sind. Dadurch projizieren wir das Gefühl der Schuld auf unser Tier. Du willst das nicht, das ist mir völlig klar, und darum kannst du jetzt ein Vergebungsritual für dich und dein Tier durchführen.

Manch einer mag schon von Ho'oponopono gehört haben, dem anderen ist dieser Begriff noch fremd. Ho'oponopono ist ein hawaiianisches Vergebungsritual, das uns hilft, mit uns und auch mit unserem Gegenüber Frieden zu schließen. Mache es dir dazu bequem, und sprich folgende Worte:

»(Dein Name), es tut mir leid!
(Dein Name), bitte verzeih mir!
(Dein Name), ich liebe dich!
Danke!«

Wiederhole diese Worte so oft, bis du dich innerlich gut fühlst. Führe nun den Prozess im Namen deines Lieblings fort:

»(Name des Tieres), es tut mir leid!
(Name des Tieres), bitte verzeih mir!
(Name des Tieres), ich liebe dich!
Danke!«

Wiederhole auch diese Worte so oft, bis du dich besser fühlst und deine Emotionen in Bezug auf dein Tier geheilt sind. Manchmal ist es notwendig, dass du diese Vergebungssätze mehrere Tage hintereinander immer wieder sprichst. Vergeben hast du dir dann, wenn du in Liebe an den Tod deines Lieblings denken kannst und jegliche Schuld in Bezug auf dich oder andere Beteiligte der Vergangenheit angehören.

Wiedergeburt

Ein neuer Tierfreund?

Für die einen undenkbar, für die anderen heilsam. Wie oft habe ich schon den Vorwurf gehört, dass sich XY gleich nach dem Tod seines Tieres wieder ein neues Tier geholt hat: »Wie kann der das tun? Man braucht doch Zeit, um die Erlebnisse zu verarbeiten. Das neue Tier kann doch kein Ersatz sein.«

Ein neues Tier wird niemals ein Ersatz für den geliebten Tierfreund sein. Dennoch hilft ein neuer tierischer Weggefährte vielen Menschen dabei, ihre Trauer zu überwinden. Manchmal kann es natürlich auch der Verdrängung dienen, aber hier sage ich dir gleich: Früher oder später holen dich die alten Gefühle wieder ein, darum sollte dieser Beweggrund nicht der Ausschlag für ein neues Tier sein. Ich hätte es mir nicht vorstellen können, sofort wieder ein Tier in mein Zuhause zu holen, aber nicht, weil ich dachte »Felina mag das nicht«, sondern weil ich ihren Verlust erst einmal verarbeiten wollte. Für mich war der Prozess ohne Hund ganz wichtig, war ich doch seit meinem fünften Lebensjahr ständig mit einem Hund zusammen gewesen. Ein Leben ohne Hund kannte ich also gar nicht, und ich musste so erst einmal für mich mit dieser Erfahrung klarkommen. Glaube mir, es ist nicht einfach, so allein und ohne Begleiter. Der ganze Rhythmus ist aus den Fugen geraten. Keine Spaziergänge mehr, dafür unendlich viel Zeit für anderes, kein Zeitdruck, weil niemand zu Hause auf mich wartete – das sind alles neue, aber auch gute Erfahrungen für mich gewesen.

Andere Menschen kommen aber damit nicht klar. Sie brauchen den Rhythmus und das Gefühl, für jemanden da sein zu müssen. Zugegebenermaßen dachte auch ich früher, wenn mir Klienten erzählten, dass sie sich sofort wieder ein neues Tier holen, dass sie damit nur die Trauer verdrängen und dass man in solchen Situationen nicht bereit sein kann für ein neues Tier. Ich denke heute, jeder darf das für sich selbst entscheiden. Was man allerdings bedenken sollte, ist, dass das neue Tier ganz bestimmt anders als das alte ist und dass es ihm gegenüber nicht fair wäre, ständig Vergleiche zu ziehen. Das Herz sollte offen und bereit sein, dann steht einem sofortigen Einzug eines neuen Tieres sicherlich nichts im Wege.

Manch anderer quält sich allerdings mit der Frage:

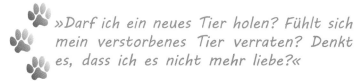

»Darf ich ein neues Tier holen? Fühlt sich mein verstorbenes Tier verraten? Denkt es, dass ich es nicht mehr liebe?«

Sicherlich nicht. Im Gegenteil. Oft schicken uns unsere verstorbenen Tiere Tierseelen, die uns trösten sollen oder die uns aus unserem tiefen Loch hinausführen. Egal, ob das die Katze ist, die uns plötzlich angeboten wird, oder der Hund, der wegen tragischer Umstände ein neues Zuhause sucht. Unsere Tiere sind nicht traurig, dass wir uns wieder einen Tierfreund holen wollen, im Gegenteil: Die Tiere sind für uns wichtig. Sie unterstützen uns dabei, dass wir unseren Weg finden, und nur weil eines gegangen ist, heißt es nicht, dass kein weiteres mehr kommen darf. Manche Tiere kehren in irgendeiner Form zurück, vielleicht auch zu ihren vorherigen Menschenfreunden. Da wäre es doch schade, wenn die nicht dazu bereit wären. Mache dir also hierüber keine Gedanken. Dein Tier würde niemals wollen, dass du dich mit Schuldgefühlen quälst. Es möchte, dass du glücklich bist und dass du weiter deinen Weg gehst.

Manchmal bin ich mir nicht sicher, woher diese Frage, ob man sich ein neues Tier anschaffen darf, überhaupt kommt. Liegt es daran, dass man sich vorstellt, wie es wäre, wenn man selbst nicht mehr ist und der Partner sich einen neuen Gefährten fürs Leben sucht? Früher wollte ich das zum Beispiel nicht, aber jetzt weiß ich, dass es mein größter Wunsch ist, dass mein Mann nach meinem Weggang wieder glücklich wird. Unsere Tiere wünschen sich das für uns auch.

Wird eine Tierseele wiedergeboren?

Mache Menschen fragen sich, ob die Seele eines Tieres wiedergeboren wird. Ich möchte dir in diesem Kapitel meine Überzeugungen darlegen, aber es müssen nicht die deinen sein. Für mich ist das völlig in Ordnung, überdenke meine Worte einfach, und entscheide dann, woran du glauben möchtest. Ich werde dich nämlich weder überzeugen noch überreden, sondern dir schlicht und ergreifend meine Erfahrungen mitteilen.

Ich glaube generell an die Wiedergeburt, denn ich bin davon überzeugt, dass wir Menschen immer wieder auf die Erde kommen, bis wir irgendwann einmal sagen: »Ich habe alles gelernt und erfahren, was es als Mensch zu erfahren gibt.« Genau dasselbe denke ich in Bezug auf unsere Tiere. Ich bin fest davon überzeugt, dass auch Tierseelen wieder auf die Erde kommen können, sofern sie das wollen. Unsere Tiere haben den Wunsch, uns bei unserer Entwicklung zu unterstützen, aus diesem Grund kommen sie mit verschiedenen Lebensaufgaben zu uns. So war es die Lebensaufgabe von Felina, den Menschen die Tierkommunikation nahezubringen. Wenn wir unsere mentale Verbindung zu den Tieren selbst blockiert haben, können wir sie mithilfe der Tierkommunikation wieder öffnen.

Ich muss dazu erklären, dass die Menschen vor zehn Jahren noch viel mehr zweifelten und bei der ersten Kontaktaufnahme mit einem Tier oftmals keinen Zugang fanden. Felina öffnete diesen Zugang, und hinterher konnten die Menschen mit allen Tieren kommunizieren. Heute ist diese Hilfe nur noch selten notwendig, weil sich die Energien meiner Meinung nach grundlegend verändert haben und die Menschen immer offener werden. Meine Felina hatte stets gesagt, dass sie wieder zu mir zurückkommen wird, weil unsere gemeinsame Aufgabe noch nicht erfüllt war, und so bin ich fest davon überzeugt, dass Safi einen Teil von Felinas Seele in sich trägt. Ihre konkrete Mission ist jetzt allerdings eine andere. So bringt sie Freude und Leichtigkeit zu den Menschen, die meine Kurse besuchen, öffnet ihre Herzen allein mit ihrer Anwesenheit, und manchmal öffnet sie in Ausnahmefällen die Türen so, wie Felina es auch im vorherigen Leben gemacht hat.

Wie erkenne ich meinen Tierfreund?

Sofern dein Tier wieder zu dir zurückkommt, musst du nichts tun, außer zu vertrauen, denn dein Seelenfreund wird dich ganz von alleine finden. Sollte dein Tier nicht den Wunsch verspüren, wieder auf die Erde zu dir zurückzukommen, so kann das ganz verschiedene Gründe haben. Vielleicht kann es dir von der anderen Seite aus besser beistehen, oder eure gemeinsame Aufgabe ist schon erledigt. Viele denken, dass das als ein Zeichen mangelnder Liebe aufseiten des Tieres zu werten sei, doch ich kann dich beruhigen. Mit mangelnder Liebe hat das absolut nichts zu tun. Im Gegenteil, dein Tier verzichtet darauf, bei dir zu sein, weil andere Aufgaben im Moment wichtiger und eine andere Seele hilfreicher wäre. Ich finde, solch einem Verhalten liegt sehr viel Liebe, nämlich die bedingungslose Liebe, zugrunde.

Falls dein Tier wiederkommt, darfst du einfach darauf vertrauen, dass das Tier, das du dir aussuchst, genau das richtige ist, nämlich die Seele, die du schon kennst. Allerdings ist dein neues Tier kein Klon deines verstorbenen Tierfreundes. Es kommt mit anderen, neuen Charaktereigenschaften zurück. Es ist nur ein Teil der Seele deines alten Freundes, die sich in dem neuen Tierkörper befindet. Der andere Teil bleibt hinter dem Regenbogen.

Wenn es dich interessiert, welche Erfahrungen ich zu diesem Thema mit meiner Safi bereits machen durfte, dann möchte ich dich dazu einladen, das Buch »Tierische Herzenswünsche« zu lesen. Ich weiß, wie blockierend eigene Gefühle und Gedanken sein können, und das, obwohl ich der medialen Sprache mächtig bin. Trotz allem bin ich ein ganz normaler Mensch, der genauso zweifelt, wie du es vielleicht in diesem Moment tust. Ich möchte dich aber beruhigen. Es gibt kein Falsch, und du wirst dich IMMER für das Richtige entscheiden. Wenn nicht? Dann korrigiert das Universum es so, dass es wieder passt.

Kontaktaufnahme mit verstorbenen Tieren

Viele Menschen haben Probleme, mit dem Verlust ihres Tieres fertig zu werden, doch es gibt für jeden die Möglichkeit, mit seinem Tier mental in Kontakt zu treten. Sofern du es dir selbst nicht zutraust, kannst du einen Tierkommunikator deines Vertrauens um dieses Gespräch bitten. Manche fragen, ob man dazu eine gewisse »Wartezeit« absitzen muss oder ob ein Kontakt sofort möglich ist. Ich persönlich kann die Aussage, dass man eine gewisse Zeit warten muss, nicht bestätigen. Meine Felina war noch keine zehn Sekunden tot, als ich ihre Stimme neben mir vernahm und sie mir sagte: »Ich bin nicht weg, ich bin noch hier.«

Setze dich einfach hin, und mache die Übung »Brief schreiben«, S. 122. Du kannst das auch!

Erfahrungsberichte

Bestimmt hast du, ebenso wie ich, schon einmal ein geliebtes Wesen verloren – sei es ein Tier oder ein Mensch – und dich von deinem Umfeld unverstanden gefühlt. Besonders wenn dein Tierfreund von dir gegangen ist, fühlst du dich vielleicht noch mehr allein. Du denkst, du hast niemanden, mit dem du darüber sprechen kannst und der deine Gefühle teilt bzw. kennt. Damit du, mein lieber Leser, aber weißt, dass auch andere Menschen solche Gefühle hegen, haben mir Freunde und Klienten ihre Erfahrungen zu ihren Erlebnissen mit dem Tod ihres Tieres aufgeschrieben. Die Texte sollen dir helfen und auch veranschaulichen, dass es vielen Menschen genauso geht wie dir. Sie sollen dir aber auch Möglichkeiten aufzeigen, was passieren kann, wenn man mutig ist und neue Wege beschreitet. Ich hoffe, sie unterstützen dich, immer auf dein Herz zu hören und an dich zu glauben. Denke in schweren Zeiten an diese Worte, und hole dir aus diesen Zeilen Kraft.

Hündin »Clara«:

Clara war eine kleine Beaglemix-Hündin, die aus einer spanischen Tötungsstation gerettet worden war und aufgrund ihres hohen Alters und ihrer gesundheitlichen Situation (Mammatumore) ein Notfall war. 2010 entdeckte ich ihr Bild im Internet. Als ich sie zum ersten Mal mit eigenen Augen sah, verliebte ich mich sofort und wusste, das ist MEIN Hund. Die deutsche Pflegestelle teilte mir mit, dass Clara, abgesehen von Gassirunden, das Körbchen nie verließ und mit dem übrigen Hunderudel eigentlich nichts am Hut hatte. Als ich mich ihr näherte, kam sie ganz sanft auf mich zu! Ein unbeschreiblich schönes Gefühl für mich. So fing unsere Beziehung an, und ich glaube, auch Clara hat mich ausgesucht, denn ich erfuhr, dass sie schon einmal vermittelt worden war. Die Dame brachte Clara aber mit den Worten wieder zurück: »Der Hund frisst nichts, ich kann mit ihm nichts anfangen.« (Was bei uns nie ein Thema war.) Clara hatte von nun an einen 13-jährigen Hundekumpel namens Dvori, einen Dobermannmischling, mit dem sie sich ganz gut arrangierte. Da sie die Liebe in Person war, hatte sie mit nichts und niemandem ein Problem. Im Laufe der letzten vier Jahre war sie mir nicht nur eine über alles geliebte Hundeseele, sondern hat mich auch in der Sterbephase meines ersten Hundes Dvori, die über acht Monate andauerte, treu begleitet. Damit meine ich, sie hat mir nie das Gefühl gegeben, dass sie sich vernachlässigt fühlte, ganz im Gegenteil: Sie war immer da, setzte sich oft zu Dvori auf die Decke, obwohl die beiden nie zusammen gekuschelt haben und Clara vom Dobermannmischling oft einen Rüffel bekam. Ich fing damals schon an, mich mit dem Thema Tod zu beschäftigen, da ich auf jeden Fall so viel wie möglich wissen wollte, um meinem Hund zur Seite zu stehen. Clara hat in dieser intensiven Zeit viel zurückstecken müssen, da Dvori immer pflegeintensiver wurde und ich die meiste Zeit für ihn benötigte. Das ist allerdings eine Geschichte für sich. Dvori starb im August 2012 in meinen Armen.

Ab Weihnachten 2013 bemerkte ich bei Clara, dass sich ihr Bewegungsbedürfnis schleichend veränderte. Sie schlief mehr als sonst, und während sie normalerweise entrüstet protestierte, wenn ich nicht da war, fiel uns auf, dass sich dieses Verhalten langsam verflüchtigte. Ich dachte erst, dass sie nach so vielen Jahren endlich *begriffen hatte, dass wir immer wieder nach Hause zurückkommen. Im Nachhinein habe ich das als kleinen Abschied interpretiert. Als ich den Gedanken zuließ, dass ihre Zeit eventuell auch bald kommen würde, erinnerte ich mich an die erste Begegnung mit Beate, die für uns eine unglaublich schöne und tief greifende Kommunikation mit einem Straßenhund aus Portugal geführt hatte. In dieser Kommunikation durften wir von Ale, dem ehemaligen Straßenhund, erfahren, wie er sich sein Leben vorstellte. Er wollte nämlich in unsere Familie integriert werden und nicht mehr auf der Straße leben. Die Sicherheit, die dadurch entstand, das RICHTIGE zu tun, weil es sein Wunsch war, ist unbeschreiblich schön und entlastend.*

Auf einmal war klar, dass wir Beate noch einmal um Hilfe bitten würden, um zu erfahren, wie Clara ihre letzte Reise antreten möchte. Dass sie gehen würde, war mittlerweile klar, nur, wie lange es dauern würde, welche Wünsche sie noch hatte und wie die Krankheit verlaufen würde, wollten wir verstehen, um entsprechend reagieren zu können. Der wichtigste Schritt für mich war, zu akzeptieren, dass es sich wahrscheinlich nur noch um einige Wochen handelte. Die Zeit wurde so extrem kostbar, der Wunsch, wirklich alles für sie zu tun, war enorm stark. Die Trauer brauchte Raum, und so nahm ich immer wieder in kleinen Dosen Abschied.

In diesem Zusammenhang war es ein großes Geschenk, von Beate zu erfahren, dass Clara in der Tat ihren Weg angetreten hatte, dass unsere medizinischen Bemühungen erwünscht waren und dass sie noch möglichst viel Zeit mit uns Menschen verbringen mochte. Es berührte mich zutiefst, mit welcher Souveränität der Hund seinen Ster-

beprozess akzeptierte, wie er sich selbst sah und dem Menschen in dieser Situation sogar Trost spendete! Ich war beeindruckt von der großen Weisheit einer Hundeseele, die ihre Menschen so genau kannte! Man spürte, dass eine tiefe Beziehung durch diese Kommunikation noch tiefer wurde. Die Freude des Tieres darüber, dass der Mensch sich ihm so zuwandte, war wundervoll. Für uns war es ein befreiendes Gefühl, viele Details von Clara darüber erfahren zu haben, was wir ihr noch Gutes tun konnten, und zu spüren, dass die Intuition ein guter Ratgeber ist, wenn man sich ihr öffnet. Die wichtigste Botschaft von Clara an uns war, dass sie gerne den Weg in unserem Beisein gehen mochte, dass sie aber auch einer Euthanasie zugestimmt hätte, wenn es für uns unerträglich geworden wäre. Diese letzte Möglichkeit nutzen zu »dürfen«, von ihr quasi die Erlaubnis zu erhalten, war für mich unendlich wertvoll. Unser Herzenswunsch war aber, dass sie eines natürlichen Todes sterben durfte.

Clara ist bis zum letzten Tag vor ihrem Tod den Weg zu ihrem Pipibäumchen allein gegangen. Als sie umfiel und nicht mehr stehen konnte, wusste ich, dass der Zeitpunkt gekommen war. Wir legten sie abends in ihr Körbchen, zündeten eine Kerze an, spielten schöne Musik und waren einfach für sie da. Sie hat NIE gejammert, nur in dieser Nacht hat sie uns gerufen, ganz kurz nur, es wirkte auf mich, als wolle sie sich verabschieden. Wir haben sie gestreichelt und mit ihr geredet, darum war ich noch lange wach. Irgendwann fielen mir die Augen zu, und am frühen Morgen war auch sie eingeschlafen – für immer. Ich bin so dankbar für die Möglichkeit, dass sie sich durch die Tierkommunikation noch viel intensiver mitteilen konnte, als sie es sowieso schon getan hatte. Ich wür-

de IMMER wieder diesen Weg gehen. Die Zufriedenheit, seinem Tier das Beste gegeben zu haben, seine Wünsche erfahren zu haben, ist für mich das Schönste, was ich mir vorstellen kann. Ich habe das Gefühl, dass es mir so viel besser gelang, diesen Abschied zu bewältigen.

Katze »Pebbles«:

Wir mussten letztes Jahr unsere kleine Pebbles gehen lassen. Die Tierärztin hat mich in meiner Entscheidung nicht bedrängt, als sie mir mitteilte, dass meine Katze todkrank sei. Pebbles' Lungenflügel waren beide mit Flüssigkeit gefüllt. Mein Bauchgefühl ließ es in diesem Moment aber noch nicht zu, sie zu erlösen. Also fuhr ich mit ihr wieder zu meinem Mann nach Hause und sagte meiner Süßen: »Egal, wie du dich entscheidest, ich bin dir nicht böse. Alles ist gut.«
Mein Mann und ich beschlossen, nach Regensburg in die Klinik zu fahren. Dort versuchten die Ärzte ihr Bestes, und wir hatten Zeit und die nötige Ruhe, um uns von ihr zu verabschieden. Alles war sehr friedlich und liebevoll. Auch Pebbles genoss es noch in vollen Zügen, unsere Nähe zu spüren. Leider schaffte sie es nicht. Aber im Nachhinein muss ich sagen, dass es die richtige Entscheidung war, sie nicht einschläfern zu lassen, auch wenn eventuell manche sagen würden, es war eine Quälerei für sie. Für uns drei war es genau das Richtige, und ich denke, solch eine Entscheidung kann man nur selbst treffen und sie kann kein Tierarzt bestimmen.

Kater »Francis«:

Francis war mein Baby. Mir war immer klar, wenn ich mal eine Katze haben sollte, wollte ich sie Francis taufen. So kam es auch, als ich mich auf Anhieb in den kleinen schwarz-weißen Kerl verliebte, den ich im Tierheim fand. Wir nahmen ihn und einen grau getigerten Kater namens Linus mit nach Hause. Francis war ein sehr verschmuster Kater. Er war wirklich ein Baby. Aber er war auch ein Tollpatsch, wie er im Buche steht. Er schaffte es, sich vor Behaglichkeit auf dem Sessel über den Rücken zu rollen und dabei vom Sessel zu rutschen. Linus war misstrauisch, er hielt sich von fremden Menschen fern. Bei Francis wiederum könnte man sagen, dass er treudoof war.

Als wir aus der Stadt aufs Land zogen, war klar, dass wir den Katern die Möglichkeit geben wollten, Freigänger zu werden. Aber mir bzw. uns war von Anfang an bewusst, dass das gerade für Francis einige Gefahren bereithielt. Ich erinnere mich, dass ich einmal zu meinem Freund sagte: »Wenn hier eine unserer Katzen überfahren wird, dann Francis. Linus ist zu schlau und hält sich von lauten Geräuschen fern.«

Am 11. Juni 2012 war schönes Wetter. Francis war gerne im Freien, er entfernte sich aber nie weit von unserem Haus und blieb auch nie lang weg. Ich erinnere mich, dass wir gerade gegessen hatten, als Francis wieder hereinwollte. Ich habe mir bis heute nicht verziehen, dass ich damals zu ihm sagte, er solle noch eine Runde drehen. Als ich am Abend die Kater zum Fressen rief, kam Francis nicht. Das war untypisch, und ich hatte sofort ein schlechtes Gefühl. Ich versuchte, ruhig zu bleiben und das nicht überzubewerten. Ich brachte meine Tochter ins Bett, mein Mann und mein Sohn gingen ebenfalls zu Bett. Als meine Tochter schlief, rief ich wieder nach Francis. Keine Reaktion. Ich beschloss, ihn zu suchen. Ich nahm meinen Hund an die Leine, Francis liebte meinen Hund. Francis liebte jeden. Die größte Angst hatte ich davor, zur Hauptstraße zu gehen. Aber ich wusste, dass ich ihn dort finden würde, irgendwie wusste ich es. Er lag an der Straße. Äußerlich waren keine großen Verletzungen zu sehen, nur ein Büschel Haare fehlte, und ein Eckzahn war abgebrochen. Er fing bereits an, steif zu werden. Ich trug Francis nach Hause und rief nach meinem Mann. Dieser brachte unseren Sohn zu seinen Eltern. Ich erzählte meinem Mann, wie ich Francis gefunden hatte. Danach haben wir ihn erst einmal in den Wintergarten gelegt. Am nächsten Tag haben wir ihn beerdigt. Ich bereue es heute noch, mein Baby weggeschickt zu haben.

Hund »Medy«:

Meine Mischlingshündin Medy war zwölf Jahre lang meine beste Freundin und immer an meiner Seite gewesen, bis der Zeitpunkt gekommen war und wir uns verabschieden mussten.

Meine Medy war immer fit und quirlig, bis ich plötzlich bemerkte, dass sie nicht mehr so gerne laufen wollte. Es kam von einem auf den anderen Tag, und zuerst dachte ich mir nichts weiter dabei. Als es aber nach einiger Zeit immer noch nicht besser wurde und meine Kleine nach wenigen Metern Gassigehen wieder nach Hause wollte, ging ich mit ihr zur Tierärztin. Sie machte etliche Tests, die aber nicht wirklich viel ergaben. Ich kaufte daraufhin alles Mögliche an Futterzusätzen, Kräutern, konsultierte eine Heilpraktikerin und eine Heilerin. Ich war fast täglich bei der Tierärztin, und immer wieder machten wir neue Tests. Leider schlug keine Behandlung an, und meiner Medy ging es fast von Tag zu Tag schlechter. Sie wollte gar nicht mehr laufen oder spielen, sondern nur in ihrem Körbchen schlafen und fressen. Für mich war es schrecklich mit ansehen zu müssen, wie es ihr immer schlechter ging und ich ihr nicht helfen konnte.

Vier Wochen lang versuchte ich krampfhaft, Mittel und Möglichkeiten zu finden, die sie wieder gesund machen sollten. Aber an jedem Tag wurde mir ein Stück bewusster, dass unsere gemeinsame Zeit hier nicht mehr ewig sein würde. Am Anfang wollte ich es nicht wahrhaben. Ein Leben ohne meine Medy war unvorstellbar für mich. Ich hatte meine kleine Medy bekommen, als ich elf war, und sie war nur wenige Wochen alt gewesen. Ich hatte also nie wirklich ohne sie gelebt und konnte und wollte es mir nicht vorstellen, ohne sie zu sein. Immer wieder, wenn diese Gedanken kamen, wie es wohl sein wird ohne sie, versuchte ich, sie schnell zu verdrängen. Es war einfach zu schmerzhaft, daran zu denken. Wenn ich bei der Arbeit war, blieb Medy bei meiner Mutter, und ich rief sie alle paar Stunden an, um zu fragen, wie es meiner Kleinen geht. »Wie geht es ihr? Hat sie gefressen? Ist sie aufgestanden zum Trinken? Wie oft ist sie aufgestanden? Hat sie Schmerzen?« Meine Gedanken waren immer bei ihr, und ich wusste nicht, wie ich damit umgehen sollte. Irgendwann wurde mir dann klar, dass sie vielleicht nur noch einige Monate bei mir sein würde, dass es vielleicht sogar nur noch Wochen waren. Als ich dann das erste Mal nach Hause kam und Medy nicht bellend an der Haus-

tür stand, sondern in ihrem Körbchen lag und auf mich wartete, wurde mir klar, dass es jeden Tag so weit sein könnte. Ich brach in Tränen aus, ungefähr drei Mal täglich, weil ich sie nicht verlieren wollte. Ich war verzweifelt und völlig durcheinander.

Ich nahm mir frei, damit ich ganz bei ihr sein und mich um sie kümmern konnte. Sie war so schwach geworden, dass sie nicht mehr merkte, wann sie ihr Geschäft erledigen musste, und so erleichterte sie sich manchmal auch in der Wohnung, wenn ich nicht schnell genug war, um sie rauszutragen. Medy konnte irgendwann dann gar nicht mehr laufen. Ich trug sie also mehrmals täglich von meiner Dachgeschosswohnung auf die Wiese, damit sie ihr Geschäft erledigen konnte. Sie stand nur auf, wenn sie etwas trinken wollte, und die wenigen Meter zu ihrem Napf waren so anstrengend für sie geworden, dass ich sie manchmal stützen musste. Sie wollte nur noch Hühnchen fressen, und ich musste sie zu jedem Bissen überreden. Meine Medy, die noch vor einigen Wochen für ein Stück Wurst alles getan hätte, musste zum Fressen überredet werden! Es war manchmal so schmerzhaft mit anzusehen, dass ich am liebsten davongelaufen wäre. Medy durfte zum Schluss bei mir im Bett liegen, damit ich sie immer ganz nah bei mir hatte. Das brauchten wir beide. Wenn wir zusammen im Bett lagen, war die Welt in Ordnung, und ich vergaß dann, dass sie bald gehen würde. Das hielt aber immer nur so lange an, bis sie wieder anfing zu fiepsen, weil sie Schmerzen hatte. Dann bekam sie ihre Schmerztablette, und ich versuchte, mit Streicheln die Zeit zu überbrücken, bis die Tablette wirkte. So ging es einige Tage lang, bis ich letztlich täglich zur Tierärztin fuhr, damit sie ihr die Schmerzmittel direkt spritzen konnte. Nachts wachte ich ständig auf und stupste Medy immer sofort an, wenn ich ihren Atem nicht gleich hören konnte. Mir blieb jedes Mal fast das Herz stehen, weil ich immer Angst hatte, es sei so weit und sie sei nicht mehr da. Ich war fix und fertig und fühlte mich unglaublich schlecht, wenn ich daran dachte, sie zu erlösen.

Ich hatte mir eigentlich immer gewünscht, dass sie irgendwann friedlich zu Hause einschläft und einfach nicht mehr aufwacht und ich sie nicht einschläfern lassen muss. Aber manchmal konnte ich es kaum noch ertragen, sie so zu sehen. Ich wusste nicht, ob es besser war für sie, wenn ich sie einschläfern lassen würde oder ob ich es mir damit nur einfach machen wollte. Ich war hin- und hergerissen. Stündlich änderte ich meine Meinung. Immer, wenn sie zufrieden bei mir im Bett lag, kam es mir so vor, als hätten wir noch unendlich Zeit, aber wenn sie dann bei dem Versuch aufzustehen wieder umfiel oder vor Schmerzen jammerte, war ich erneut drauf und dran, mit ihr zur Tierärztin zu fahren, um sie zu erlösen. Ich war ratlos und wollte mein Ein und Alles einfach nicht gehen lassen. Ich war wütend, dass meine Kleine nicht für immer bei mir bleiben konnte, auch wenn mir klar war, dass das in dieser Form nicht ging.

Am Freitag vereinbarte ich mit der Tierärztin, telefonisch in Kontakt zu bleiben und zu sehen, ob die Tabletten für das Wochenende genügen würden und ob es ausreichen würde, erst am Montag wieder in die Praxis zu fahren. Als ich anschließend mit Medy die Tierarztpraxis verließ, spürte ich irgendwie, dass es das letzte Mal sein würde. Es war ein ganz komisches Gefühl – einerseits beängsti-

gend und andererseits beruhigend. Ich verdrängte dieses
Gefühl jedoch sofort und nahm es gar nicht wirklich wahr.
Am Samstagmorgen rief ich gleich bei der Tierärztin an,
Medy und ich hatten eine grauenvolle, schlaflose Nacht
hinter uns. Sie hatte starke Schmerzen gehabt und war
sehr unruhig gewesen. Ich vereinbarte mit der Ärztin,
dass ich die Dosierung der Schmerzmittel verdoppeln
könne, und, falls es abends nicht besser sei, in die Praxis
zu kommen. Die Schmerzmittel wirkten zum Glück, und
Medy hatte am Samstag kaum Schmerzen.
Auch die Nacht zum Sonntag war gut gewesen, und wir
genossen unsere gemeinsame Zeit. Wir kuschelten und
schmusten viel. Sie hatte so gut wie keine Schmerzen,
und ich schöpfte wieder Hoffnung.
Der Sonntag war wunderschön und sonnig. Ein Tag wie
für Medy gemacht, denn sie hatte die Sonne schon im-
mer geliebt. Ich nahm sie auf den Arm und setzte mich
mit ihr auf den Balkon, damit sie noch einmal die Sonne
genießen konnte. Allein stehen war zu anstrengend für
sie, aber auf meinem Arm ging es für sie. Ihre eingefal-
lenen Augen beobachteten die Leute und die Autos auf
der Straße, und sie nahm für einen kurzen Moment wie-
der am Leben teil, wie vor ihrer Krankheit auch, und es
war schön für mich zu sehen, dass es ihr etwas besser
ging. Den ganzen Sonntag über hatte meine Kleine kei-
ne Schmerzen und schlief völlig zufrieden im Bett. Aller-
dings wollte sie nichts mehr fressen, und das machte mir
Sorgen. In einem Gespräch mit der Tierkommunikatorin
Beate Seebauer, das eine Woche vorher stattgefunden
hatte, sagte Medy, dass alles in Ordnung sei, solange sie
fresse, aber das tat sie jetzt nicht mehr. Ich fing an, mir
Gedanken zu machen, ob jetzt der Zeitpunkt gekommen

war, sie einschläfern zu lassen, aber ich war noch nicht bereit. Ich beschloss, noch zu warten, solange sie keine Schmerzen hatte.

Am Abend konnte ich ihr keine Schmerztablette geben, weil sie nicht mehr fressen wollte, und die pure Tablette spuckte sie einfach wieder aus. Von dem flüssigen Schmerzmittel würde ihr schlecht werden, hatte sie Beate einige Tage zuvor erzählt, weshalb ich ihr davon dann auch nichts mehr gab. Ich hoffte, dass sie es ohne Schmerzmittel bis zum nächsten Morgen aushalten würde, dann hatten wir wieder einen Termin bei der Tierärztin. Tatsächlich hatte sie den ganzen Abend lang keine Schmerzen. Ich war glücklich und genoss den schönen Abend mit ihr. Obwohl ich wusste, dass sie nicht wieder gesund werden würde, hoffte ich doch, noch viele so schöne Abende mit ihr verbringen zu können. Ich hatte gerade alle Kerzen und Lichter ausgemacht, als Medy wieder anfing, unruhig zu werden. Ich streichelte sie, redete mit ihr, machte ihr eine neue Wärmflasche, gab ihr Wasser, versuchte, sie wieder zu überreden, die Leberwurst mit der Schmerztablette zu fressen, trug sie runter auf die Wiese, damit sie ihr Geschäft machen konnte. So ging es fast zwei Stunden lang. Nichts half, und sie fand einfach keine Ruhe. Sie jammerte so schrecklich und immer lauter. Es war grauenvoll, sie so zu sehen. Ich rief mitten in der Nacht völlig verzweifelt bei der Ärztin an. Ich sollte in die Praxis kommen, aber ich wusste, was das bedeuten würde, und beschloss, doch noch zu warten. Während des Telefonats wurde Medy auch etwas ruhiger, und ich hoffte, sie würde vielleicht von allein in ihrer gewohnten Umgebung gehen können. Allerdings vergingen keine fünf Minuten, und sie fing wieder an, fürchter-

lich zu jammern. Ich hatte noch nie solche Geräusche von ihr gehört, und sie wirkte völlig abwesend. Von einem Moment auf den anderen wurde mir klar, dass jetzt der Zeitpunkt gekommen war und ich sie erlösen musste.

Ich rief meine Schwester an, damit sie mich zum Tierarzt fahren konnte. Ich hatte Angst, mir war kalt, aber ich schwitzte auch, mir war schlecht, und ich zitterte am ganzen Körper. Ich versuchte, stark zu sein für meine Medy, aber ich brach in Tränen aus, als meine Schwester kam. Ich wickelte Medy in ihre pinke Kuscheldecke und nahm einen ihrer Teddybären mit. Meine Knie waren ganz weich, als ich mit ihr auf dem Arm zum Auto lief. Sie jammerte nicht, und ich hatte keine Angst mehr. Medy war ein Dalmatinermischling und wog 30 kg, sie war nicht wirklich handlich, aber auf der Fahrt zum Tierarzt lag sie völlig entspannt bei mir im Arm. Es war 3 Uhr nachts, und die Straßen waren leer. Der Himmel war klar, und man konnte die Sterne sehen. Alles war so friedlich, und Medy wirkte wieder völlig klar. Sie hatte keine Schmerzen und war zufrieden. Wir wussten beide, dass ihre Zeit jetzt gekommen war, aber es war in Ordnung.

Als wir in der Praxis waren und die Ärztin das Mittel zum Einschläfern vorbereitete, überkam mich Panik, und ich zögerte kurz. Ich hatte Angst und wollte meinen Engel einfach nicht verlieren. Dann sah ich Medy an, und ich wusste, jetzt ist sie bereit. Ich hoffte immer, sie nicht einschläfern zu müssen, weil ich immer dachte, dass es für ein Tier angenehmer wäre, zu Hause sterben zu dürfen. Ich wollte zudem auch nicht darüber bestimmen müssen, wann der richtige Zeitpunkt dafür gekommen war. Ich wollte mich darauf vorbereiten und es ihr so bequem wie möglich machen, Kerzen anzünden und Musik für sie laufen lassen. Aber ich hatte nicht damit gerechnet, dass der Zeitpunkt so schnell kommen würde oder vielleicht wollte ich es auch nicht wahrhaben, ich weiß es nicht. Ich hatte mir auf jeden Fall alles immer ganz anders vorgestellt. Aber irgendwie fühlte es sich trotzdem alles richtig an. Ich war sogar beruhigt, als Medy die Spritze bekam, und ich wusste, dass sie gleich aufhören würde zu atmen. Ich war deshalb beruhigt, weil ich mich darauf einstellen und mich noch einmal ganz bewusst von ihr verabschieden konnte. Es brannten keine Kerzen, es lief auch keine Musik, und wir waren nicht zu Hause, aber ich hielt meine Kleine in den Armen, und alles war einfach in Ordnung, wie es war. Medy hatte keine Angst und ich auch nicht mehr. Ich hatte sogar das Gefühl, sie beruhigte mich, obwohl es eher umgekehrt hätte sein müssen.

Die Spritze wirkte schnell, und mein Engel schlief in den frühen Morgenstunden des Rosenmontages am 03. März 2014 friedlich in meinem Arm ein. Ich blieb noch lange bei ihr sitzen, bis ich bereit war, mich von meiner Medy zu verabschieden, obwohl ich wusste, dass es nur noch ihre Hülle war. Als ich zusammen mit meiner Schwester die Tierarztpraxis verließ, spürte ich einfach nur Frieden. Ich konnte es irgendwie gar nicht wirklich glauben, das Gefühl Frieden passt doch nicht zum Tod. Aber alles, was ich fühlte, war absoluter Frieden. Ich hatte auch nicht den Eindruck, ohne meine Medy zu gehen, irgendwie war sie bei mir, das fühlte ich. Zu Hause zündete ich für meinen kleinen Engel alle Kerzen an, die ich finden konnte, sah mir Fotos an und las mir noch einmal alle Gespräche durch, die Beate mit ihr geführt hatte. Die Gespräche halfen mir und gaben mir unglaublich viel Trost. Ich habe keine besonderen medialen Fähigkeiten, aber ich konnte spüren, dass meine Medy bei mir war. Das half mir sehr.

Den ganzen Montag war ich wie beflügelt, ich musste immer wieder an die ganzen schönen Momente mit Medy denken und was wir alles erlebt hatten. Ich war von einer solchen Dankbarkeit erfüllt, wie ich sie vorher noch nie gespürt hatte und bislang auch nicht wieder gespürt habe. Es fällt mir schwer, dieses Gefühl zu beschreiben, aber absoluter Frieden trifft es meiner Meinung nach ganz gut. Ich war einfach nur so unbeschreiblich dankbar für die schöne Zeit mit meiner Medy. Ich war traurig, dass Medy nicht mehr greifbar bei mir war, aber die positiven Gedanken überwogen. Ich konnte nicht verstehen, warum ich solche Dankbarkeit empfand, obwohl mein geliebter Hund gerade gestorben war, aber ich spürte, dass es Medy gut ging, wo sie war. Ich kann mich glücklich schätzen, dass ich zwölf wundervolle Jahre mit ihr verbringen und so viel von ihr lernen durfte.

Am Montagmorgen rief ich Beate an und bat sie, Medy zu fragen, wie es ihr ging. Unser Besuch bei der Tierärztin lag erst wenige Stunden zurück, und ich wusste nicht, wo mir der Kopf stand. Aber das Wissen, dass Medy auf einer anderen Ebene noch da ist und ich noch mit ihr kommunizieren konnte, gab mir die Kraft, nicht zu verzweifeln. Ich bin so unbeschreiblich froh, dass ich auf Beates Bücher gestoßen bin und dadurch vieles besser verstehen konnte und auch mit dem Tod anders umgehen konnte. Ich habe zu Medys Lebzeiten leider nie selbst mit ihr kommuniziert, aber Beate hat einige Male mit ihr gesprochen, und für diese Gespräche bin ich ihr sehr dankbar.

Es ist jetzt schon einige Monate her, aber es ist immer noch schwer für mich, Medy nicht mehr bei mir zu ha-

ben. *An manchen Tagen geht es, an anderen komme ich überhaupt nicht damit zurecht. Ich habe (jetzt fünf Monate nach Medys Tod) immer noch ihr Körbchen neben meinem Bett stehen, und ihre Spielsachen liegen immer noch im Auto. Mir kommen oft die Tränen, wenn ich an sie denke, und ich vermisse sie schrecklich, aber ich habe eine andere Einstellung zum Tod bekommen. Ich habe nicht mehr diese wahnsinnige Angst und Furcht vor dem Tod wie zuvor, und ich weiß jetzt: Der Tod gehört zum Leben dazu. Diese Erfahrung mit dem Sterben und dem Tod war sehr lehrreich für mich, obwohl ich mir das nie hätte vorstellen könne. Ich habe ein tieferes Verständnis bekommen und sehe den Tod jetzt mit anderen Augen.*

Kaninchen »Hänsel«:

Im September 2013 habe ich bei Beate Seebauer die Ausbildung zur Tierbotschafterin begonnen. Teil dieser Ausbildung ist die Sterbebegleitung und die Kommunikation mit toten Tieren. Ich hatte vor diesem Thema großen Respekt, da der Tod für mich immer bedeutet hatte, dass derjenige weg ist und ich mit ihm auch nie wieder sprechen oder ihn fühlen konnte.
Zu diesem Zeitpunkt gab es für mich nichts Schlimmeres als die Vorstellung, dass jemand, den ich kannte, starb. Dieses Gefühl war so extrem, dass ich teilweise sogar Albträume diesbezüglich hatte. Beate hat uns dann viel über den Tod erzählt und erklärt. Ich habe ihr auch gesagt, dass ich panische Angst vor dem Tag hatte, an dem eines meiner Kaninchen gehen musste. Sie gab mir den Ratschlag, mich mit dem Tod auseinanderzusetzen, und

ich habe daraufhin ein Buch über dieses Thema gelesen und mich intensiv damit beschäftigt. Ich durfte lernen, dass der Tod nicht gleichzusetzen ist mit Endgültigkeit, sondern dass unsere Lieben immer, auch wenn sie körperlich nicht anwesend sein können, bei uns sind.

An einem Mittwochmorgen merkte ich, dass mit meinem Kaninchen Hänsel etwas nicht stimmte, und ich fuhr mit ihm sofort in die Tierklinik. Die Diagnose war Nierenversagen. Die Ärztin empfahl mir, Hänsel einzuschläfern. Ich versicherte mich, dass er keine Schmerzen hatte, und sagte ihr, dass ich meinen Hänsel auf jeden Fall mitnehmen würde. Ich rief im Büro an und nahm mir den Rest der Woche frei. Ich wollte die letzten Tage mit meinem Hänsel intensiv verbringen und ihn keine Minute allein lassen.

Ich habe ihn dann zusammen mit seiner Partnerin Gretel in mein Schlafzimmer umquartiert.

Ich schaute mir noch einmal Beates Unterlagen zu den einzelnen Sterbephasen an, unterstütze Hänsel mit der Tieressenz »Rabe« und den jeweiligen Farben, die in der entsprechenden Sterbephase hilfreich sind (Erklärung s. Kapitel »Die fünf Sterbephasen«, S. 85–92). Als ich ihm noch einen Schutzkreis gelegt hatte, stand der Erzengel Metatron, der oft erscheint, wenn Lebewesen nicht mehr lange bei uns sind, an meiner Seite.

Ich versuchte noch, ihn zu füttern und ihm Wasser zu geben, aber er wollte nicht mehr, und das habe ich akzeptiert. Er wurde von Stunde zu Stunde schwächer. Ich ging mit ihm in den Garten, hielt ihn fest im Arm und setzte mich mit ihm unter seinen Lieblingsbaum und legte ihn noch einmal auf die Wiese, da er immer so gerne im Gar-

ten gewesen war. Ich habe ihm immer wieder gesagt, dass ich ihn loslasse und er gehen dürfe.

Bis morgens um 3 Uhr habe ich mich wach gehalten, und es war die schönste und intensivste Zeit, die ich mit meinem Hänsel verbringen durfte. Er hat sich ganz nah an mich gekuschelt, und ich habe ihn die ganze Zeit über gestreichelt. Dann bin ich eingeschlafen und wurde um 6.50 Uhr durch das Klopfen seiner Partnerin Gretel geweckt. Dafür bin ich ihr sehr dankbar. Hänsel atmete nur noch sehr schwach. Ich habe ihn in meinen Arm genommen, und er ist für immer eingeschlafen. Daraufhin habe ich ihm eine Kerze angezündet, ihn in sein Lieblingskörbchen gelegt und ihm einen neuen Schutzkreis gelegt. Es war mir wichtig, dass er schnell ins Licht findet. Am späten Nachmittag habe ich ihn dann im Garten an seinem Lieblingsplatz begraben und ihm alles, was er je toll fand, dazugelegt. Ich habe einen Rosenstock über seinem Grab gepflanzt, und dieser blüht nun wunderschön.

Ich bin Hänsel sehr dankbar, dass er es mir so leicht gemacht hat und seine Sterbephase innerhalb von 24 Stunden vorbei war. Ich bin auch dankbar, dass ich die letzten Stunden so intensiv mit ihm verbringen durfte. Ich bin dankbar, dass ich ihn beerdigen konnte, und unendlich dankbar, dass Beate mir so viel über den Tod beigebracht hat.

Der Verlust schmerzt trotz allem, da Hänsel körperlich nicht mehr hier sein kann, aber ich weiß, dass er immer bei mir ist, ich mit ihm reden kann, wann immer ich will, und er mir ständig Zeichen schickt. Ich sehe zum Beispiel sehr oft Regenbogen. Diese habe ich zuvor immer übersehen. Für mich sind diese Regenbogen ein Zeichen von

Hänsel, denn er ist jetzt im Regenbogenland. Außerdem finde ich überall Federn – im Garten, in meinem Auto und in meiner Wohnung. Ich frage mich: Wie kommen die dorthin? Federn sind für mich Zeichen der Engel, und mein Hänsel ist einer dieser Engel. Abends, wenn ich ihm den Futternapf aufgefüllt hatte, riss Hänsel als Erstes den Napf aus der Futterstation und schmiss ihn umher. Kein anderes meiner Kaninchen hat das gemacht. Hin und wieder schmeißt nun seine Partnerin den Napf umher. Bestimmt macht sie das, weil ihr Hänsel fehlt. Ich bin mir aber auch sicher, dass Hänsels Seele durch meine Häsin immer mal wieder seine Anwesenheit zeigt.

Katze »Dondscho«:

Dondscho war ein kleines Kätzchen von einem halben Jahr, das gemeinsam mit seiner Mama und seinem Brüderchen Tiger im Haus meines Freundes lebte und den ich nach dem Krebstod meiner Mama kennengelernt hatte. Während der kleine freche Tiger keine Scheu, weder vor Hunden noch vor Schlangen, zeigte, war Dondscho das Gegenteil. Er war ängstlich und schreckhaft, was wahrscheinlich auch durch die Attacken seiner Mutter hervorgerufen worden war, die ihn gerne als Spielball missbrauchte.

Tiger, der mein Liebling war, erklärte mir eines Tages, dass er gehen werde, was ich ihm nicht glaubte. Doch er kam eines Tages ebenso wie die Mutter der beiden nicht mehr zurück nach Hause. Ich war am Boden zerstört und bat um ein Zeichen, das er mir in Form einer Sternschnuppe gab. Erst später erfuhr ich, dass er nur gekommen war, um mich durch die schlimmste Zeit der Trauer nach dem Tod meiner Mutter zu führen. Dondscho jedoch blieb und entwickelte sich zu einem schönen Kater, der ein besonderes Merkmal hatte: einen kleinen braunen Fleck neben seiner Nase. Seine Ängstlichkeit und Scheu, vor allem fremden Männern gegenüber, jedoch blieb.

Er war sehr auf sein Herrchen, meinen Freund, geprägt. Das intensivierte sich besonders, als dessen Töchter Pia und Ina größer wurden und ihre eigenen Wege gingen. Eine Zeit lang war der Kater auch sehr eifersüchtig und beanspruchte meinen Platz neben seinem Herrchen, wenn ich am Wochenende kam. Oftmals lag er auf dem Rücken oder dem Bauch meines Freundes. Sei es im Wohnzimmer oder im Liegestuhl, wo die beiden dann selig vor sich hindösten. Im Laufe der letzten Jahre wurde Dondscho sehr verschmust und anhänglich. Er war meistens im Haus oder im Garten und blieb nie lange weg und schlief auch viel mehr.

Voriges Jahr dann erklärte mir Dondscho erneut, dass er gehen wolle, es werde ihm energetisch alles zu viel. Doch nach einiger Zeit entschied er sich, doch noch zu bleiben. Oft schrie er, wenn man ihn hochnahm oder irgendwie am Bauch berührte, ich dachte immer, er hätte eine Verletzung. Wir suchten keinen Tierarzt auf, denn er war das nicht gewohnt und wäre sowieso nicht auffindbar gewesen. Wahrscheinlich war es auch meine innerliche Angst, die mich davon abhielt, denn ich befürchtete, wie bei meiner Mama eine schlechte Nachricht zu erhalten.

Im Frühjahr gerade, als ich auf dem Weg zu Dondscho war, rannte mir eine Katze frontal ins Auto und verstarb kurz darauf. Völlig geschockt durch diesen Vorfall berichtete ich Dondscho davon, doch er erklärte mir in

völliger Ruhe und Gelassenheit, dass ich keine Schuldgefühle entwickeln solle, die Katze habe eben diese Art
von Übergang gewählt. Ich erinnere mich noch daran,
dass ich ihn fragte, ob er auch so gehen würde, und er
antwortete mir, dass er sich auf natürliche Weise verabschieden wolle.

Am Wochenende des Eurovision Song Contests 2014
sagte mir mein Freund, dass mit Dondscho etwas nicht
stimme, er fresse nicht mehr viel, sei sehr schwach und
liege die meiste Zeit nur herum. Was war in diesen paar
Tagen nur geschehen, dass Dondscho körperlich derartig
abbaute? Ich war geschockt, als mir unser geliebter Kater so geschwächt entgegenlief und mit letzter Kraft sein
Lieblingsfutter zu sich nahm. Seine Augen waren ganz
glasig, und ich reinigte sie mit Kamille und Käsepappel.
Ich bat meine geistigen Führer und Begleiter um Rat,
doch wie immer in solchen Fällen sagten sie mir nicht,
was wirklich los war. Wir nahmen den Pappkarton, den er
so gerne mochte, und legten ihm ein kleines Polster rein,
damit er weich liegen konnte. Mit letzter Kraft versuchte
er noch, rauszuklettern, um uns ganz nah zu spüren –
entweder auf meinem Schoß oder in den Armen meines
Freundes. Ich gab ihm Energie, und er nahm sie dankbar
an. Am Montag fuhr ich wieder zu ihm, er lag immer ir-
gendwo anders, wurde zunehmend schwächer und fraß
auch nichts mehr. Als er mir entgegenlief, merkte ich, wie
schwer und vor allem laut er atmete, und alles, was ich
bei der Sterbephase meiner Mama erlebt hatte, kam wieder hoch. Meine Kommunikation zu ihm riss ab, und da
ich mir nicht mehr sicher war, ob das nun von mir oder
von ihm kam, bat ich Beate, mit ihm Kontakt aufzuneh-

men, denn ich wollte Dondschos letzte Tage nach seinen Wünschen gestalten.

In der Zwischenzeit kontaktierte ich eine liebe Facebook-Freundin, die mit den Elohim arbeitet. Sie errichtete ihm einen Lichtkreis, der ihm beim Übergang behilflich sein sollte, denn es wurde immer klarer, dass er sich entschieden hatte, zu gehen.

Beate teilte mir schließlich nach ihrem Gespräch mit Dondscho mit, dass er darum bat, nicht eingeschläfert zu werden. Stattdessen wolle er eine Infusion bekommen. Daraufhin machte ich mich auf die Suche nach einer Tierärztin, der ich die Situation schilderte und die sich bereit erklärte, zu uns zu kommen, da Dondscho zum Transportieren schon viel zu schwach war. Mein Freund hatte die Idee, ihm Erkältungspflaster in die Nähe zu legen, um die Atmung ein wenig zu erleichtern, und es half tatsächlich.

Am Mittwoch war Dondscho plötzlich verschwunden. Ich begann, ihn überall zu suchen, zumal ich hörte, wie er immer wieder sagte: »Ich bin oben.« Schließlich fand ich ihn in jenem Zimmer, in dem er geboren worden war, auf dem Bett von Ina, der jüngeren Tochter, liegend. Wie er diese steile Treppe hinaufgekommen ist, weiß ich bis heute nicht. Seine Augen waren wieder klar, doch er war schon so schwach, dass seine Beinchen immer wegknickten, wenn er versuchte aufzustehen. Er bat mich, ihn zu halten, um seine Atmung ein wenig zu erleichtern. Ich verabreichte ihm selbst gekochte Hühnersuppe und Wasser, das er in den letzten Tagen sehr viel trank. Er hatte keine Kontrolle mehr über seine Körperfunktionen, und ich sagte ihm, dass dies kein Problem für uns sei. Ich versuchte, mich auf das zu konzentrieren, was er mir *ausrichten ließ, nicht seinen Körper anzusehen, sondern den Frieden und die innerliche Ruhe zu spüren. In diesem Moment fühlte ich bereits seine Seele und seine Liebe, die mein Herz mit einer Wärme erfüllte, wie ich es noch nie zuvor erlebt hatte.*

Am Nachmittag kam dann die Tierärztin, untersuchte Dondscho und stellte vergrößerte Nieren fest. Sie gab ihm die gewünschte Infusion. Ich werde niemals seine Schreie vergessen, als sie ihm diese verabreichte, und wünschte mir, Dondschos Wunsch nach einer Infusion nicht erfüllt zu haben. Doch er versicherte mir, dass seine Klagelaute nur eine körperliche Reaktion gewesen seien und er es so gewollt habe.

Seine Seele wurde immer stärker und löste sich immer mehr von seinem Körper, was durch Zuckungen seines Kopfes immer sichtbarer wurde, und er war auch seelisch immer öfter an meiner Seite, doch seinen körperlichen Ablösungsprozess mitanzusehen, war das Schlimmste für mich, da er dem meiner Mama im Endstadium ähnelte. Am späten Abend glaubte ich schon, dass er gehen würde, doch ich konnte einfach nicht loslassen und fuhr schließlich zu mir nach Hause, um wieder Kraft zu sammeln.

Am Freitagmorgen wachte ich um 4 Uhr auf, kurze Zeit später riss mich der Lärm eines Feuerwehreinsatzes wegen eines Hochwassers aus dem Bett. Ich bekam Panik und dachte, ich muss zu Dondscho fahren, doch es waren bereits alle Verbindungsstraßen gesperrt. Ich bat meinen Freund telefonisch, zu Hause bei Dondscho zu bleiben, und letztlich erfüllte es sich so, wie es zum höchsten Wohle aller war.

Kurz vor Dondschos Übergang schrieb ich noch seine Botschaften für meinen Freund und seine Töchter auf, die

Dondscho mir übermittelte. Seine Energie wurde immer stärker und größer und umhüllte mich schließlich ganz. Er bat mich, das persönlich für ihn gestaltete Übergangssymbol auf sein Foto zu legen. Ich war verzweifelt, weil ich nicht körperlich bei ihm sein konnte, doch es hatte seinen Sinn. In dieser Zeit teilte er mir auch mit, wer er wirklich sei: ein Engel der Natur, noch dazu ein weiblicher, der mich schon durch viele Leben begleitet hatte und der dieses Mal in einem kleinen Katerkörper steckte und der trotz seiner kleinen Gestalt doch so groß in seinem wahren Wesen war. Kurze Zeit später rief mein Freund an und sagte mir: »Er hat es geschafft.«

Als am Samstag schließlich alle Straßen wieder frei waren, konnte ich endlich zu ihm. Er lag in seinem Kistchen wie ein schlafender kleiner Engel, umgeben von Flieder und Tulpen. Man konnte noch sehen, wie sich die Energie vom Körper löste, es sah manchmal so aus, als ob er noch atmen würde.

Am Sonntag kamen die Töchter von meinem Freund, um sich zu verabschieden, und ich durfte die Zeremonie halten. Es regnete noch immer in Strömen, doch Dondscho versicherte mir, dass am Nachmittag die Sonne scheinen werde, und so war es schließlich auch. Zu dem berührenden Song »On this lovely day« von Donovan, den er sich gewünscht hatte, begruben wir ihn schließlich an jener Stelle im Garten, die er mir gezeigt hatte. Dort hüllte er uns alle mit seiner Liebe ein, die sich mit einer Wärme bemerkbar machte, die ich niemals vergessen werde. Anschließend setzte der Regen wieder ein, und die Kerze für die Zeremonie erlosch von selbst.

Der Siegersong des Eurovision Song Contests 2014 »Rise like a Phoenix« wird mich immer an Dondscho erinnern, *denn er sprach folgende Worte zu mir: »Ich werde mich wie Phönix aus der Asche erheben.« Und das hat er auch getan. Dondscho, ein Engel auf vier Pfötchen, hat diese Erde verlassen und ist in die wahre Heimat zurückgekehrt.*

Die tröstenden Worte, die ich von der anderen Seite des Lebens übermittelt bekommen habe, beginnen sich nun zu verwirklichen: »Du hast keinen Kater verloren, sondern eine liebevolle Begleiterin dazubekommen.«

Seither begleitet mich diese wunderbare Seele und hat mir schon vieles gezeigt und mich vieles gelehrt. Auch einige Freunde und Bekannte durften bereits diese sanfte und liebevolle Energie spüren.

Die Trauer über den Verlust seiner irdischen Körperlichkeit ist einer großen Dankbarkeit gewichen. Unsere Liebe und Verbundenheit zueinander lässt mich voller Zuversicht und Vertrauen in eine Zukunft blicken, in der ich noch vieles lernen und erfahren darf.

Hund »Pablo«:

Es sind nun fast zwei Wochen vergangen, und nichts ist mehr so, wie es einmal war. Unser geliebter Hund Pablo weilt nicht mehr unter uns, nun ist nur noch eine unüberbrückbare Leere vorhanden. Das ständige Bauchweh und sonstige damit verbundene Schmerzen, die der Verlust verursacht hat, möchten einfach nicht besser werden. Die Suche nach dem Warum oder dem, was wir anders hätten machen können, nagt wie ein Geschwür an der Seele. Was war an diesem Unglückstag nur falsch gelaufen, wo ich doch wie immer alles perfekt machen wollte?

Nach einem Paragliding-Flug landete ich bei Diana, meiner Lebensgefährtin, und dem wie immer bellenden Pablo. Danach wanderten wir noch eine Runde mit Pablo an einem Wasserfall entlang, und alles schien so weit in Ordnung zu sein. In letzter Zeit hechelte er manchmal auch bei kühlen Temperaturen etwas viel, und wir wollten in der Folgewoche ohnehin einen Check beim Tierarzt machen.

Ich konnte einfach nicht erkennen, dass Pablo mit seinem Herzen schon Probleme hatte. Ein so austrainierter Bursche wie Pablo – ich kann es immer noch nicht glauben. Es war auch nicht sonderlich warm, im Gegenteil. Als wir unten waren, begrüßte uns ein Regenschauer. Zurück im Wohnwagen blieb ich noch kurz bei Pablo, die Fenster waren offen und es war angenehm kühl. Pablo saß da und schaute mich an, hechelte nicht, alles war ruhig, und wahrscheinlich wusste er schon, was kommen würde. Nur ich wusste es nicht und schloss die Heckklappe, als ich ging.

Nur gute 20 Minuten später kamen Diana und ich wieder, und Pablo wollte nur noch liegen und atmete ganz schwer. Verzweifelt machten wir uns auf den Weg zu einer Tierklinik, die laut unserem Navi 44 Minuten entfernt lag, aber unser geliebter Hund schloss schon nach 20 Minuten seine Äuglein für immer. Diana war direkt bei ihm im Heck des Wohnwagens, sie und ich waren bis zur letzten Minute anwesend. Er war in seinen letzten Stunden zumindest nicht allein. Der Schmerz und die Verzweiflung waren ein einziger Albtraum, der uns seitdem nicht mehr aus dem Kopf ging. Wäre ich nur nicht gefahren, hätte ich die letzte Tour mit ihm nicht gemacht ... und ... und ...

und ... aber letzten Endes kommt es wohl, wie es kommen muss.

Zu Hause angekommen beerdigten wir unseren Liebling unter endlosen Tränen im hinteren Teil unseres Gartens, gemeinsam mit seiner geliebten Schmusedecke und seinen Lieblingsspielzeugen: das hundeähnliche, rosa Plüschtier und die blaue Maus. Die Zeit stand still, fassungslos standen wir vor dem frischen Erdhaufen.

Es folgten unglaublich düstere Tage, und ich kann wirklich behaupten, dass wir diese nur mithilfe unserer Freunde im wahrsten Sinne des Wortes überlebt haben.

Es folgten Termine bei einem sehr guten Osteopathen und bei der mehr als erstklassigen Tierkommunikatorin Beate Seebauer, die uns enorm geholfen hat. Sie beherrscht die Kunst, Verbindung mit Tieren aufzunehmen, und kann somit an dem Punkt helfen, wo Tierärzte am Ende ihres Wissens sind. In der Tierkommunikation werden auch spirituelle Bereiche angesprochen, was zumindest für uns Hoffnung für die Zukunft bedeutete. Beate ist eine enorm sympathische Persönlichkeit, die mit viel Fingerspitzengefühl mit Mensch und Tier umzugehen weiß. Durch Beate wissen wir nun, dass Pablo immer noch um uns herum und die Bindung sehr stark ist. Er will noch nicht ganz gehen, da seine Aufgabe bei uns noch nicht erledigt ist. Er wollte nur nicht als kranker, schwacher Hund daheim zurückbleiben, wenn wir wie gewohnt zu unseren Touren aufbrechen, was für mich mehr als verständlich ist. Er wird, wenn wir wieder einen Welpen holen sollten, da sein und dann sozusagen als Pablos Seelenhund zurückkehren.

Manche mögen mich für verrückt halten, aber ich habe auf meinen Expeditionen schon so viel erlebt und gese-

hen, wofür es keinerlei Erklärung gab, und darum bin ich dem Thema Tierkommunikation gegenüber eher aufgeschlossen. Allein dieser Ansatz ist schon enorm viel wert und hilft über den tiefsten Schuldschmerz etwas hinweg. Dennoch ist es schwer, wieder halbwegs einen Rhythmus zu finden. Pablo ist überall, in jedem Eck, auf jeden Platz, egal, wo wir sind, alles erinnert an ihn und schmerzt sogleich wieder. Pablos letzten Ruheort bauten wir in Herzform aus, mit einem schönen Blumenstock und einer Bank, zu einem Ort der Besinnung und Erinnerung sozusagen.

Pablo wurde nicht einmal sieben Jahre alt, aber diese sieben Jahre waren so intensiv wie bei wenigen anderen Hunden. Die vielen Bergtouren, Skitouren und sonstigen Wanderungen sind kaum zählbar. In dieser Hinsicht war er einfach alles für mich: Sohn, Bruder und Partner auf gleicher Ebene bei unseren oft haarsträubenden Touren. Touren, die so mancher Hund nie mitmachen würde. Mit einem Seil gesichert, erklomm er beispielsweise Kletterstellen bis zum III. Schwierigkeitsgrad und Eiswände mit 60° Neigung.

Wie oft waren wir mit dem Seil buchstäblich auf Gedeih und Verderb verbunden – wäre einer gestürzt, wäre der andere mitgegangen. Das ist mehr als eine »Bindung«. Vor allem unsere unzähligen Skitouren ... wie trostlos werden diese sein ohne Pablo an meiner Seite.

Seit ich weiß, dass es Pablos freier Entschluss war zu gehen, fällt es uns in jedem Fall leichter, mit der Situation umzugehen, wobei wir noch lange nicht darüber hinweg sind, und das wird sicherlich noch eine Weile dauern.

Schlusswort

Am Ende dieses Buches ist es mein größter Wunsch, dass ich dich dem Thema Sterben ein bisschen näherbringen konnte. Ich hoffe, dass deine Fragen beantwortet wurden und du Heilung erfahren durftest, sofern du noch immer Schuld und Schmerz über den Verlust deines Tieres empfindest. Ich weiß, es klingt abgedroschen, aber irgendwann wird es wirklich leichter, sofern du bereit bist, dich deinen Gefühlen zu stellen. Ich wünsche mir aus tiefstem Herzen, dass sich deine Ängste und deine Zweifel durch dieses Buch aufgelöst und in Mut und Stärke umgewandelt haben. Hoffentlich hast du deine Wahrheit gefunden. Irgendwann, und ich wünsche dir, dass du noch lange mit deinem Liebling deine Zeit verbringen darfst, erinnerst du dich vielleicht wieder an dieses Buch. Möge es dir dann helfen, deine Entscheidungen zu treffen. Höre immer auf dein Herz, und lasse dich nicht von Außenstehenden beeinflussen. Sei dir sicher: Dein Tier ist dir zutiefst dankbar und steht dir bei, deine Antwort zu finden.

Verluste wird es in unserem Erdenleben immer geben, und das Sterben gehört, wie auch die Geburt, in unserem Dasein dazu. Wenn du genau überlegst, hast du schon viele Sterbeprozesse erlebt und erfahren, und jeden einzelnen hast du überlebt. Du bist damit klargekommen, hast sie überwunden und hast weitergemacht. So ist unser Leben, ein ewiger Kreislauf von Tod und Wiedergeburt.

Sei dir stets bewusst, dass du niemals allein bist, dass du immer geführt wirst und ganz viele Engel und lichtvolle Helfer um dich sind, die dich und deinen Tierfreund auf eurem Weg begleiten. In Gedanken werde auch ich bei dir sein, dich unterstützen und dir beistehen, damit du das für dich Richtige tust. Egal, wie dieses Richtig für dich auch aussehen mag. Sofern es deinem Herzen entspricht, bist du auf dem richtigen Weg.

In diesem Sinne wünsche ich dir ganz viel Kraft und Liebe, viel Unterstützung und Licht, viele Helfer an deine Seite und das Bewusstsein, dass alles gut wird.

Deine

Beate Seebauer

Danksagung

Dankbarkeit erfüllt mein Herz. So vieles durfte ich durch meine Arbeit mit den Tieren lernen und erkennen. Ihre Liebe erfüllt mich mit einem tiefen Gefühl der Verbundenheit, und allein der Gedanke an meine eigenen tierischen Begleiter macht mein Herz ganz weit. Meine Süßen im Himmel, ich liebe euch sehr. Ich weiß, dass ich meine Bücher ohne meine Tiere nicht hätte schreiben können, denn sie sind es letztlich, die mich antreiben, sodass ich meine Lebensaufgabe erfüllen kann.

Dieser Dank gilt auch meinen Verlegern Heidi und Markus Schirner, weil sie mir durch ihr Vertrauen helfen, meine Erfahrungen in die Welt zu bringen. Sie unterstützen mich dabei, dass ich euch helfen kann. Danke.

Ich bedanke mich von Herzen bei meinem Papa und meinem Bruder im Himmel. Ich weiß, ihr habt mich unterstützt, denn ich habe euch in jeder Minute gefühlt.

Danke an Safi, meine liebe Hündin, die mich bei diesem traurigen Thema immer wieder mit ihrem Wesen zum Lachen gebracht hat. Ich liebe dich, mein Engel.

Ich danke meinem Mann für sein SEIN. Du bist an meiner Seite, wenn ich dich am nötigsten brauche. Ich weiß, das ist nicht selbstverständlich.

Ganz besonderer Dank gilt meiner Kollegin und Freundin Susanne. Du hast für meine Fragen immer ein offenes Ohr und hilfst, wo du kannst. Vielen Dank für die wunderschöne Meditation. Möge sie vielen Menschen helfen.

Außerdem bedanke ich mich bei allen, die mir ihre Geschichten zur Verfügung gestellt und ihre Erlebnisse aufgeschrieben haben. Liebe Conny, Monika, Nina, Nicole, Rosi, Manu, Mirjam, Verena, Michaela, Melanie, Jessica, Marion, Norbert, Diana und all jene, die ich vergessen habe, ich sage euch von Herzen DANKE.

Bedanken will ich mich auch bei meiner Lektorin Karin Garthaus. Es ist ein wunderschönes Buch geworden.

Zuletzt verneige ich mich vor dir, mein lieber Leser. Du hast den Mut gefunden, dich mit diesem Thema auseinanderzusetzen. Du hast vielleicht geweint, aber du hast durchgehalten, und dafür bin ich sehr dankbar.

Nützliche Links

Einschläfern:
www.vetmed.uni-leipzig.de/blaue-hefte/archiv/0001_
LTK4/free-online/Töten-von-Tieren.pdf (letzter Zugriff: 03.
09. 2014)

Lichträume (von Martina Eberharter):
http://gluecklicherleben.beepworld.de/elohim-und-tiere.
htm (letzter Zugriff: 03. 09. 2014)

Tierbestattung:
www.tierbestatter-bundesverband.de (letzter Zugriff: 03.
09. 2014)
www.vetion.de/gesetze/Gesetzestexte/TierKBG.
htm?mainPage=1 (letzter Zugriff: 03. 09. 2014)

Tierdiamanten:
www.diamanten-der-liebe.de/anlaesse/tierdiamanten/
(letzter Zugriff: 03. 09. 2014)

Tieressenzen (von Beate Seebauer):
www.tieressenzen.com (letzter Zugriff: 03. 09. 2014)

Urnen für zu Hause:
Hier findest du nützliche Informationen zum Thema Urnen
und weitere hilfreiche Links:
http://www.tierbestattung-sonnenaue.de/tierurnen-in-vie-
len-variationen/ (letzter Zugriff: 03. 09. 2014)

Über die Autorin

Beate Seebauer ist ausgebildete Heilpraktikerin, Tierheilpraktikerin und Tierkommunikatorin. Als ihr Terrier Fijack erkrankte und sie ihn durch seine Leidenszeit bis zum Tod begleitete, stellte sie erstmals ihre besondere Fähigkeit zur intensiven nonverbalen Kommunikation mit Tieren fest. Seitdem unterstützt sie Tierhalter dabei, mit ihren Haustieren zu kommunizieren und so das Verhältnis zwischen Mensch und Tier zu einer Beziehung zwischen gleichwertigen Partnern zu machen. Zudem bietet sie Seminare und Kurse in Tierkommunikation und Tierheilkunde an.

Weitere Informationen unter: www.tiertalk.de

Bildnachweis

Innenseiten

S. 69: Steine: (Arne Gutowski, Schirner: Fotografien & Bildgestaltung)
S. 93: Heilkreis (Beate Seebauer)

Alle folgende Bilder stammen von www.shutterstock.com:

Fotos:
S. 14 f.: # 135349316 (Ermolaev Alexander)
S. 16: # 54288103 (Leremy)
S. 22: # 92035961 (Roman Rybaleov)
S. 29: # 107079401 (Andre Helbig)
S. 32: # 9315832 (Photosani)
S. 43: # 183851075 (Nikolay Bassov)
S. 78 f.: # 137572400 (Galyna Andrushko)
S. 80 f.: # 11599367 (Ermolaev Alexander)
S. 95: # 12359878 (KULISH VIKTORIIA)
S. 104 f.: # 183603608 (Ermolaev Alexander)
S. 114: # 112826074 (Alexey Losevich)
S. 126 f.: # 176014748 (Ermolaev Alexander)
S. 130: # 183094259 (Katerina Planina)
S. 134: # 176333945 (Anton Petrus)
S. 136 f.: # 134256116 (Ermolaev Alexander)

Ornamente:
Tiersilhouetten: # 37131916 (sabri deniz kizil)
Tierspuren: # 124790548 (Petrovic Igor), # 155461355 (Aliaksei_7799)
Engelsflügel: # 71880736 (Eucharis), # 25895470 (alenaj)
rosa Hintergrund: # 154937954 (Natali Zakharova)

Beate Seebauer und Safi
Tierische Herzenswünsche
Safi und ihre Freunde
verbinden Mensch und Tier

184 Seiten
ISBN 978-3-8434-1046-5

»Liebe, Respekt und Toleranz – das sind meine innigsten Wünsche für alles Leben auf der Erde.«

In warmen, eindringlichen Worten, die jedes Herz berühren, erzählt die Hündin Safi, wie Tiere das Zusammenleben mit den Menschen empfinden und wie sie sich ein glückliches Miteinander vorstellen. Sie gibt Antworten auf viele Fragen, die jedem Tierfreund Sorgen bereiten:
Wie kann ich einem kranken Tier am besten helfen? Wohin geht die Seele, wenn das Tier verstorben ist? Wie finde ich mein verschwundenes Tier wieder?
Viele von Safis tierischen Freunden – sei es nun die Delfindame Laila oder das Pferd Icaré – melden sich ebenfalls zu Wort und sprechen für ihre Artgenossen, denn jede Tierart hat ihre ganz eigenen Botschaften, Wünsche und Bedürfnisse, die sie den Menschen mitteilen möchte.

Beate Seebauer
Meditationen zur
Verbindung
mit deinem Tier

CD, Gesamtspielzeit 49:59 Min.
ISBN 978-3-8434-8208-0

Vertiefe die Beziehung zu deinem Tier!

Eine beständige mentale Verbindung zu deinem Liebling ermöglicht es dir, besser auf seine Bedürfnisse und Wünsche einzugehen. Auf diese Weise kann eine ganz besonders innige Mensch-Tier-Freundschaft zwischen euch entstehen. Die einfühlsamen Meditationen der erfahrenen Tierkommunikatorin unterstützen dich dabei, dich auf die mentalen Gespräche vorzubereiten und zu deinem tierischen Gefährten eine Herz-zu-Herz-Verbindung aufzubauen. Die liebevollen Worte Beate Seebauers werden von sanften Klavierklängen begleitet. Sie öffnen dir das Tor zu einer völlig neuen Welt. Dadurch werden dir eventuelle Zweifel genommen und du kannst dich ganz in dein Tier einfühlen.

Beate Seebauer
Sprich mit deinen Tieren
Einführung in
die Tierkommunikation

96 Seiten
978-3-8434-5051-5

In einfachen Schritten und direkt anwendbar erklärt die erfahrene Tiertherapeutin Beate Seebauer die Grundlagen der Tierkommunikation, sodass jeder Tierfreund sofort mentalen Kontakt zu seinem Liebling herstellen kann und dadurch eine ganz neue Sichtweise auf das Leben und das Miteinander von Mensch und Tier auf dieser Erde erfährt.